昭和天皇、退位せず

共産革命を憂慮した天皇

更級《さらしな》 悠哉《ゆうや》

青山ライフ出版

序　章

昭和史の最大エポックは、日中戦争とその延長にある対米戦争開戦詔書、そして日本壊滅の危機を救った昭和天皇による終戦のご聖断であろう。

いずれも、天皇が深く関わっていた。その天皇を打倒し革命せよと指示をしたのがコミンテルン(ソ連共産党が設置した国際共産主義推進組織で、モスクワから各国に共産党の設立を支援し共産革命を指導した)である。共産主義は君主国家も資本主義国家も労働者階級が、政治権力を奪取することを目指す。権力の座を奪われた者に待っているのは、処刑か過酷すぎる迫害か、穏便に許されても国外追放である。

平成天皇はその職務に誠心誠意努められ国民皆から敬愛されているが、天皇の座に執着せず退位を決意された。昭和天皇は母や弟達や皇族からも退位を勧められたが断固拒否した。その理由の一つは退位による混乱に乗じた共産革命を警戒したからではなかったかと筆者は考え、本書を書き上げてみた。

中国の歴代王朝は共産革命ではなく易姓革命であるが、ロシアのロマノフ王朝もフランスのブルボン王朝も皇帝のみならず一族は殺害された。敗戦は、ドイツ皇帝をオランダに亡命させ、オスマントルコの君主制も崩壊したことに、昭和天皇は危機感があった。

これまでのところ、昭和天皇と共産主義者に対する専門的な研究は見当たらないが、昭和天皇も共産主義者が憎悪すべき存在であると少年時代から教育されたであろうことは想像に難くない。昭和天皇はオーストリア皇太子夫妻銃撃死事件に似た事件にも何度か遭遇した。東京市内を御料車メルセデスベンツで視察中、難波大介に狙撃された。（第一部）難波は公判中に共産主義者であることをほのめかしたのである。次いで昭和七年一月には日本に併合された朝鮮人、李泰昌に桜田門から皇居に入ろうとした御料車に爆弾が投げつけられた。未遂に終わったとはいえ、共産主義者が天皇を狙った大逆事件では、二十四名に死刑が宣告された。

全て臣民は天皇に絶対忠誠を誓っていると知らされていたが、自らの命を賭して命を狙う者達がいる事実も天皇は知った。

それは難波や李のような単独犯ではなく、天皇の軍隊の中に千六百名をもの集団となって国家の指導者を銃殺もしくは軍刀で刺殺した。いわゆる二・二六事件である。（第二部）決行の主旨は、天皇の側近にいる身中の虫を排除し、天皇親政を行うことであったが、天皇の判断は「朕自ら軍を指揮し、断固鎮圧する」と強く命じた。決起将校の中に共産主義者の匂いを感じたからではないだろうか。

二・二六事件の大義名分は天皇親政というが、実態は天皇を祭り上げ社会主義革命を目指したものであり、首謀者の意図するところを認めなければ、裕仁天皇を別の者に替えるというクーデターであることを察知していた故に、事件を知るや直ちに鎮圧命令をしたのであろう。

一九三〇年頃の日本の貧窮度は現在からは想像もできないほど悲惨且つ深刻なもので、東北における小作農の娘の身売り続出は深刻な社会問題であった。この情勢を日本の革命前夜とみたソ連共産党は一九三二年に注目すべき、「三二年テーゼ（方針書）」を日本共産党機関紙赤旗に掲載させた。要旨は〝日本の帝国主義**戦争を内乱に転化し共産革命を成功させることが最終目標**〟とした（注①）。半ば公然たる、天皇国家体制への挑戦である。

その後治安維持法の拡大解釈により、当時の日本共産党は危険団体として徹底的に弾圧され、その闘争力をほとんど無くしていたが、これを危険極まる革命団体と天皇の意識に刷り込ませ、軍部と司法・警察官僚らの権力強化にすり替えたのである。

帝国陸軍は、ソ連軍は天皇を頂く日本帝国に戦争を仕掛けてくると考え、最大の仮想敵国はソ連であり、そのソ連の傑出したスパイがリヒャルトゾルゲである。ゾルゲの秘密の顔はコミンテルンの要員であったが、表の顔はドイツの有力紙フランクフルターツァイトンク特派員且つナチス党員として日本政府や軍部高官は勿論、宮中にも間接諜報をしていた。ゾルゲの功績はソ連を救ったことである。（第三部）

ナチスドイツ軍が破竹の勢いでモスクワに迫っている時、ノモンハン国境紛争でソ連に攻めこみソ連軍に多大の戦死者をもたらした日本陸軍最強師団はナチスの懇願に応え本格的に侵攻するか、とのコミンテルンの重大な調査命令に、ゾルゲは、日本陸軍は南方資源獲得に向かうとの確定的な機密情報をソ連に送り、ソ連は約百万もの精鋭国境警備軍をモスクワに転出し、ナチスドイツのモスクワ占領を凌ぐことができた。

このスパイ行為は露見し、ゾルゲが逮捕されたと内奏された時、天皇は司法当局の責任者を呼び、報告させた。

「コミンテルン日本支部とアメリカ支部と中国支部は連帯関係にあるのか」

「陛下、コミンテルンは世界に共産革命を目指す組織でありますから、モスクワのロシア共産党の指令を基に、強力な連帯をしております。ゾルゲは、アメリカ共産党のアグネス・スメドラーと誼を通じている上、近衛首相の秘書官尾崎秀実から得た機密情報を中国共産党にも流して、日米の離反を画策いたしております」

それればかりではなかった。宮中にまで入り込んだコミンテルンの女スパイがいた。天皇は、アイノ・クーシネンがスウエーデンの親日作家を装い宮中にまで招かれて、秩父宮等と何度も歓談していた(注②)ことを知らされ、コミンテルンが宮中にまで潜入したことに戦慄したことであろう。(第二部)

陸軍に徴兵された新兵の教育は〝天皇陛下のためならば、何で命が惜しかろう〟と歌わせ洗脳することに始まり、戦局悪化するや二千名以上の航空特攻機に加え、二人乗り小型潜水艇特攻を大元帥として承認し、何とか有利な条件で講和したいと考えていた天皇は、広島・長崎の原爆でも屈せず、日本の辛勝に一縷の望みを抱いていたが、ソ連参戦で四面楚歌となった時、ついに終戦の意志を固める。

その時脳裏にあったのは、同盟国旧ドイツ帝国の末路であったろう。国土は東西に分割占領され、東ドイツは共産国家となった。ソ連がヤルタ会談後のアメリカとの秘密協議で、日本分割占領、即ち北海道と東北はソ連、関東と中部はアメリカ、関西はイギリス、九州は蒋介石の中華民国、そして要の東京はベルリンと同様の英米ソの共同統治案である。アメリカは承認しなかったが、共産国家ソ連のあくなき要求を天皇は脅威に感じなかったはずはない。（第四部）

ポツダム宣言を拒否し、本土決戦となれば日本の一部に間違いなくソ連軍が上陸し、そこに共産国家が誕生する。この戦慄的な将来像が脳裏をかすめたからこそ、耐えがたきを耐え、忍びがたきを忍び降伏するという、天皇の玉音放送になったと考えるのは筆者だけであろうか。

終戦から三か月ほど経過し、天皇に国土や国民が壊滅しなかったことに一抹の安堵が得られた十一月二十六日の「側近日誌」には、世継ぎの明仁皇太子（現在の天皇）から「共産党は取り締まらなくて良いのですか?」と尋ねられた昭和天皇は、「以前は治安維持法で取り締まってきたが、これからそうすると却って彼らを英雄化することになる」と諭している。（注③）

明仁皇太子はその時まだ十二歳。普通の子供ならば、共産党とは何者なのか関心を持つとは思えない。天皇側近による皇太子への恐怖と憎悪の反共産教育は確実に引き継がれていたと考えても無理はないであろう。
それから二年後、日本軍が撤退した中国では毛沢東が蒋介石を台湾に追い落とし、共産国家の中華人民共和国を樹立した。国内の共産主義者が勢いづくとみた天皇は、アメリカ政府に友人が多い外交官で天皇御用掛となった寺崎英成をして、マッカーサー元帥のアドバイザーのシーボルトと会談、シーボルト経由でマッカーサーに覚書を提出した。それは、沖縄の軍事占領を二十五年乃至五十年続け、ソ連や共産中国の軍事基地にならぬようにしたいというものであった。(注④)
更に四年後、北朝鮮軍と中国軍により、韓国軍と国連軍(実態は米軍)が敗退を続け対馬対岸の釜山近くまで共産軍が迫りつつあったとき、天皇はマッカーサー後任のリッジウェイ司令官に(共産軍に対し)原子兵器を使用する考えはないか、と尋ねていた。(注⑤)
共産軍に対する相当の危機感が推察されるのである。この朝鮮戦争で対馬の対岸まで北朝鮮軍が押し寄せてきた時、天皇は共産軍に恐怖し、米国は対日政策を急変させ、旧軍関係者の公職復帰とレッドパージ即ち共産党関係者の追放を進める。ここに、GHQと日本政府・天皇との反共産政策は一致をみた。
遡ってポツダム宣言受諾により終戦とした時、最後まで恐れていたのは戦犯処罰問題であった。米国世論は勿論、北海道分割占領を目論んでいたソ連、建国後初めて戦争を仕掛けられ多数の戦死者を出したオーストラリア、インドネシアで戦死者を出したオランダも天皇戦犯論を唱え、連合国に天皇戦犯訴追論が固まりつつあった。

革命ではなく敗戦による天皇制廃止の動きに苦悩する天皇を助けたのが、マーカッサーＧＨＱ総司令官で天皇を訴追しない考えを固めた。マッカーサーは日本の軍事力の底力と整備力、更に地勢的にも米国の防共政策に役立つと考えたのであろう。

昭和天皇が恐れたソ連・中国（中華人民共和国）連合軍による日本侵攻を抑止するための日米安全保障条約締結は自民党の吉田・岸両首相によるものではあるが、昭和天皇もまたアメリカ政府に伝えるよう、渡米する政府首脳を呼び指示しており相互に緊密な連携があった。天皇は単なる飾り物の象徴ではなかったし、自民党政権と共に反共国家を築いてきたことに、共産革命を恐れた天皇の影を見る。（第五部）

筆者は共産主義を全く信じないし、天皇は、日本文化継承にも必要であり、擁護されるべきものと愚考しているが、日本伝統文化継承者の天皇と権力組織としての天皇制は別物であることをこの書から読み取っていただければ幸甚この上ない。

この書は宮内庁が二十四年を費やし二〇一五年から刊行を始めた、天皇の公式記録「昭和天皇実録」とその解説書には視点がなかった欧米の参考書籍を含め証跡として、筆者が脚色したフィクションである。

昭和天皇の肉声が記録されたのは、敗戦に伴う玉音放送からであり、それ以前の天皇の言葉は全て側近達による日記等の伝聞記録しかない。天皇自身が書いた一次資料はないのである。昭和天皇は日記を書かれていたが、勿論非公開で、平成天皇も読まれていないとされている。現在刊行中の「昭和天皇実録」にしても、日々天皇が誰に面会し、行事に関係したか淡々と記録してあるだけで、何を感じどう思ったか、人間としての感情は殆ど記されていない。畏れながら著者が天皇の意志を忖度する他ない。

なお、ご生存の天皇の呼称は今上天皇であり、ご逝去されてのち昭和天皇と尊称されることは承知しているが、文意や関係をわかりやすくするため、あえて昭和天皇または平成天皇と記したことをお許し願いたい。

注　文中の太字は、以下の文献からの引用文である。

◎序章　注釈

①「日本共産党と中韓」筆坂秀世著　P24
かくして帝国主義戦争を内乱に転化し、ブルジョワ＝地主的天皇制の革命的転覆を招来するという任務を課している

②「ゾルゲ事件の謎を解く」白井久也著　P418
戦後、ソ連共産党の最高幹部となったフィンランド出身の共産主義者、オットークーシネンの妻、アイノ・クーシネンであった。彼女はエリザベート・ハンソンという名のスウェーデン人に化けて、日本の最高層の人々に近づいた。その中で、最も親しかったのが秩父宮で、何回も会った。（以下略）

③④⑤「昭和天皇は戦争を選んだ」増田都子著　P158　195　224）
四五年十一月二十六日の『側近日誌』には、当時十二歳の皇太子（現明仁天皇）と昭和天皇との興味深いやり取りがある。

一、昨日東宮参内の節、朕に対して質問あり（これは東宮が新聞を読まれた結果なり）。共産党は取締まりを要せずや。

お答え　以前は治安維持法によりて取締たるが、これは却って彼等を英雄化する事になる。取締らずとも

有力化する虞なし。（中略）天皇父子やその一族にとって「共産党」ほど、怖いものはなかったのだろう。（中略）

さらに天皇は沖縄（中略）に対する米国の軍事占領は、日本の主権を残したままでの長期租借――二十五年ないし五十年あるいはそれ以上の擬制に基づくべきであると考えている。

翌一九五二年三月二十七日の第四回会見において、天皇は（中略）言った。

「（共産側が）仮に大攻勢に転じた場合、米軍は原子兵器を使用されるお考えはあるか?」

（リッジウェイ）司令官は「原子兵器の使用の権限は米国大統領にしかない」だった。

目次

第四部　敗戦と天皇の戦争責任……197

第五部　天皇退位せず、留位を決意……237

第一部　誕生から皇太子まで

裕仁親王誕生

昭和天皇裕仁は、嘉仁皇太子（後の大正天皇）の長子として二十世紀となった一九〇一年（明治三十四年）出生された。父嘉仁皇太子はこの時二二歳、母の節子妃は一七歳であった。天皇の名前には既に平安時代より仁がつけられている。これは儒教が教える徳は、仁・義・礼・智・信であるが、その至高のものとなるのは仁になる。中国では、仁を亡くした皇帝が革命され取り替えられるのは天の命ずるところとされた。宋王朝、元王朝、明王朝等の歴代皇帝は、仁を無くしたとして、その命を次ぎの皇帝に奪われてきた。日本の天皇は名前に仁を入れることで、仁が最も大事であることを広く示した。

裕仁親王は明治天皇の命により、生後二ヶ月で川村純義海軍中将宅に預けられた。軟弱怯懦がなく強い天皇として育てることを大義名分としたが、実は軍部の意向を良く聞き入れ、扱いやすい天皇に育てること、そして後述するが女官たちに取り込まれてゆく危うさを避ける狙いがあったと考える。

反面幼子の裕仁親王の心情として父母に甘えられない寂しさと国の盛衰を担う重みに耐えて生きる厳しい運命を悟ったことであろう。その裕仁親王を陰ながら何かにつけて見舞ったのが、嘉仁皇太子の実母の柳原愛子権典侍であった。柳原愛子は明治天皇の側室であるがゆえに皇后になれない運命にあった。

一七歳の少女で内裏入りした母、九条節子が女官のトップ達から、宮中のしきたり等を細かすぎるほど躾けられるのを優しくかばってくれた、祖母柳原愛子が皇后になれなかったことを幼いころに見ていた裕仁親王は、女官制度に反感を覚えたことは否定できないであろう。裕仁親王は成長し皇太子となり、欧州訪問の折、英国王室が側室を持たなくなっていることに感銘を受け、裕仁皇太子は側室を持つことなく自らを律し、宮中女官制度改革に乗り出したことは、裕仁天皇を語る上で大事なことなので後述する。

ロシアの満州支配と日露戦争

裕仁親王誕生の年一九〇一年、中国清朝施政権下に大乱がおきる。義和団による、北京周辺の各国大使館・領事館・居留民襲撃事件である。大使・公使から居留民まで約千人以上が殺害されたが、清朝官憲は鎮圧できなかった。外交団と居留民保護のため、一刻も早く兵士や武器弾薬を大量に集め輸送しなくてはならないが、英仏独からでは遠すぎて間に合わない。各国は日本に警護軍の急派を要請、日本はこれに応じ各国の中で最多の軍隊を送り、英米独仏露伊等による八か国連合軍に参加、自国民に加え各国外交団をも守った。

しかしロシア軍はこれを好機にして満州を占領し居座るのみならず、朝鮮併合を狙い、朝鮮王朝の親ロシア派を強力に支援し、朝鮮国内親日派の迫害を始めた。

朝鮮がロシアの植民地にされると次は対岸の日本が危うい。日本政府はロシアに満州の支配権を認める替わりに、ロシアは朝鮮から撤退するよう外交交渉したが、朝鮮も狙うロシアは日本案を拒否したばかりか、ロシアは露骨に介入、朝鮮王をロシア公使館に軟禁、勅命発布を強いて朝鮮王側近から親日派を排除し殺害させた。朝鮮の李王にしてみれば、古来中国が朝鮮の親、その長男が朝鮮、日本など末弟である。親が弱くなったら、末弟に国を支配されるなど長男の自尊心が許さないのである。南下してきた軍事強国ロシアの力を借りて、日本を追い払いたかった。

日本政府は最後の切札として、親日のロシア要人を知り、親ロシア派巨頭の伊藤博文をモスクワに送り、再度交渉させた。しかしロシアからは、何の譲歩も得られなかった。

ロシアの領土拡張政策は欧州や中近東で始まっていた。トルコとの戦争（露土戦争）に勝利し、クリミア半島を併合したロシアは、黒海を臨むクリミアにロシア軍の橋頭保を確保した。ここからロシア艦隊がボスポラス海峡を通過する時に艦砲射撃でトルコの要衝イスタンブールを粉砕できるし、更に進めば、地中海の制海権も得られる。

ロシアはポーランドも分割支配し、シベリア鉄道を建設すると日本海に臨むウラジオストックにまで進出してきた。これに満足することなく、さらに大連と旅順、ウラジオストックに三艦隊を配備、日本を脅かしていた。少し前の一八九九年ロシアは、対外戦闘の最小単位となる旅団（師団の半分程度）が朝鮮増援軍や対馬上陸作戦の最前線基地となる朝鮮の竜岩浦港を租借していたとの説もある。

日本政府はロシアの朝鮮や日本海進出により明確になった侵略意図を無視できず、御前会議でロシアとの戦争を決意する。

一九〇四年二月、日露戦争が始まった。裕仁親王は三歳になる頃であるが、親王の養育と日本の富国強兵は次第に強固な関係になってゆく。翌年、**満四歳の裕仁ははじめて靖国神社を参拝し、境内を巡り、遊就館の**（戦争の）**陳列品を見た。その際、「同社は死せる軍人を祀ることの説明を聞き、「この中に広瀬中佐もいるか」と尋ねた。**（注①）

俗に三つ子の魂百までもと言われるが、国を守るために軍人は最も重要にして尊敬すべき存在であると、裕仁親王は明治の将星たちから刷り込まれたと思うのである。

これは当時の天皇側近たちが好戦的な軍事国家を形成したと言いたいのではない。その時代は植民地を獲得し強靭な国家を構築するために熾烈な生存競争をしていた。

日露戦争が始まると日本陸軍はロシア海軍旅順軍港の頭上にある、旅順要塞を陥落させた。これにより、旅順艦隊は大連・浦塩（ウラジオストック）両艦隊と合同し日本の首都東京や九州の要となる福岡、関西の要の大阪への艦砲射撃による攻撃ができなくなったこと、満州では奉天大会戦でロシア陸軍を破ったこと、更に対馬沖でバルチック艦隊を全滅させたこと、ロシア国内ではモスクワなどでの共産革命デモ隊を鎮圧しなければ国家存続できなくなっていることなどを分析したアメリカのルーズベルト大統領はロシアとの講和を斡旋した。

日露戦争は、日本の奇跡的な勝利と言われたが、その戦費は日本の国家予算の約一〇年分でも足りず、ユダヤ系銀行から借りまくった外債も戦費に使い果たしていた。ロシアとさらに戦争を続けていたら間違いなく日本は国家経済を破綻させ、満州・朝鮮・樺太まで拡大した戦力を維持できなくなり大敗北、対馬や北海道の一部は奪われていたであろう。

しかし巨額の戦費を使ったのはロシアも同様である。数十万の陸軍と百隻を超える大艦隊をモスクワから送り込んだ戦費は国家財政を破綻させ、大増税が国民の反感を招き、デモや争議を頻発させるようになり、その十年後のロシア革命の原因になった。

裕仁親王は一九〇五年十月まで銀製のスプーンだったが箸に替えた。銀のスプーンは古来より洋の東西を問わず、皇孫はヒ素毒を盛られ次第に体が弱り衰弱死させられたと言い伝えがあった。事実、明治天皇十五人の子のうち成人したのは大正天皇と皇女一人だけであった。**古来、銀の食器を利用する習慣は、ヒ素による毒殺予防の意味があった**（注②）。乳児の親王が健やかに育ち、心配がなくなった故であろう。

学習院初等科入学

一九〇八年裕仁親王は満七才となり、学習院初等科に入学する。乃木学習院長は日露戦争で散々苦戦の末に、最初の大勝利を掴み、日本を勢いづかせ大国ロシアを破った陸軍大将である。乃木司令官に命じられた、ロシアの根拠地旅順要塞攻略戦が激戦になり戦死者が続出し始めた時、乃木の幕僚たちは乃木の二人の息子を安全な司令部に異動させようとした。

しかし乃木は「万をはるかに超える子を死なせておいて、自分の子を温存できるわけがない」と長男と次男までも激戦続く最前線に送る命令書を作らせ、それに署名し、二人に壮烈な戦死をさせた。

旅順要塞攻撃に徒に戦死者を重ねる乃木将軍の戦い方を拙劣とした陸軍上層部は、乃木更迭を明治天皇に上奏した。

私心のない明治天皇は英明であり、全てがわかっていたのであろう。

「乃木を替えさせてはならない。乃木の参謀たちが要求する十分な弾と、大口径砲を与えなくては誰が指揮しても、将兵を肉弾攻撃させて死なせるしか策はない。しかし、乃木は最愛の息子達を死なせてその仇討をしてくれと将兵に願っているではないか。兵は乃木を崇拝し、逃亡兵もなく、士気は盛んと聞く。旅順要塞は必ず落ちる」

司馬遼太郎の名作「坂の上の雲」では、愚将とされた乃木大将は、悲劇の将軍である。乃木の幕僚たちが要求する十分な弾や大口径の大砲を与えなかったことには、理由があった。総勢百万とも言われた世界最強のロシア陸軍との大決戦に備えて、難攻不落といえども小城を落とす戦いには、弾丸も大砲も温存せざるを得ないことを乃木は良く理解していた。旅順要塞は、最終的に海軍供与の二十八センチ大口径砲による砲撃で陥落させた。

勇猛乃木軍は、再びロシア軍を恐れさせた。日露両陸軍計百五十万が激突する奉天大会戦に、旅順要塞を陥落させた勇猛な乃木軍が援軍として出現したことがロシア陸軍を恐怖させ、日本大勝利の契機になった。

乃木は戦いが終わると天皇に拝謁し、〝我が采配の誤りで多くの陛下の兵を死なせたことに、我は万死に値する〟と涙声で報告し、栄典は全て固辞した。〝一将功成りて万骨枯れた〟何でこの身が陸軍高官に留まれるかと、参謀総長への栄転を固辞し、予備役に回った。

明治天皇は、出世欲など微塵もない乃木の生き方に感銘を受け、軟弱な皇族や華族の子弟達を鍛え直すようにと乃木を学習院長に抜擢した。

学習院長になった乃木は宮中に参殿し、裕仁親王に親しく接した。

乃木より、今日の様に寒い時や雪などが降って手のこごえる時などでも、運動をすればあたたかく

なりますが、殿下はいかがでございますかと尋ねられ、ええ運動しますとお答えになる（注③）。乃木は続けた。貧しい臣民達が冬の寒さに凍えている気持ちも汲んでやるのは君子の務めでございます。

「ご指導、ありがとうございます。今日からそう致します」

後年、昭和天皇は最も尊敬する人は乃木将軍と話したとされている。

明治天皇の絶対的な信任を得た乃木学習院長のアドバイスであったが、女官達は裕仁親王が冬寒い日に手袋も使えず登校するのを見て、乃木の指示があることを知った。

「老いぼれ爺め、大事な親王殿下が霜焼けでもされたら責任を取らせるぞ」と騒いだが、談判に行くことはなかった。

同年**10月30日、学習院女学部運動会に立ち寄る。女子部の見学は、将来の妃探しでもあった。**（注④）

当時の学習院女学部は皇族と華族の娘のみ入学を許されていたから、家柄は申し分ないが、妃として世継ぎを産める元気溌剌な娘か、病弱気味な娘か遠望するには、運動会が都合よかったのであろう。次の天皇となる皇太子の妃選びが始まろうとしていた。学習院入学後間もなくのことである。

大逆事件で無政府主義者二四名に死刑

一九一〇年無政府主義者の幸徳秋水以下約三〇名が明治天皇暗殺を計画した容疑で逮捕されたとの報道は国民を震撼させた。大逆事件と呼ばれるが、各地で検挙された被告に対し、初公判は人定質問で閉廷、次回から非公開となった異例の暗黒裁判である。年末年始の休廷を除き僅か一か月で結審、一挙に二四名もの死刑判決が下された。日本を統治する最高の存在である天皇に暗殺を企図するとは、極刑の他なしとの判断であるが、この大量の天皇暗殺団の出現には、裕仁親王も大なる恐怖感を覚えたことであろう。御付の者に、

「共産主義とはいかなるものか。共産主義がなくては、万民等しく平等になれないのか?」

「殿下、共産主義の宣伝に惑わされてはなりません。万民等しく平等などありえぬことでございます。殿下に代わって独裁者になりたいだけなのです。」

「無政府主義者とは共産主義者のことか?」

「殿下、それは共産主義者と似たような者で、畏れ多くも陛下を弑するなどと、心底を改めない救いようもない者共なのです」

「この日本に、そのような恐ろしい信念を持つものがおるのか」

「左様でございます。宮中にはもちろん一人もおりませんが、学校の中には潜んでいるかも知れません。どうか、殿下に近寄る者にはお気を付けくださいませ」

「良く、わかった」

こうして共産主義や無政府主義者たちへの警戒心が裕仁親王に教育された。

辛亥革命で二千年の中国皇室の終焉

前述した義和団の大乱は、一九一一年の辛亥革命を呼び込み、中国二千年の長きにわたって続いてきた皇帝制度は、ついに倒されることになった。

最後の皇帝である溥儀を宮廷から追い払った袁世凱は中華民国大統領になるが、中国全土を統治できず、失意のうちに急逝した。次いで孫文他匪賊や軍閥が各地方政府を乱立させた。今日のアフガニスタン・シリア・イラク等の内乱地域を彷彿させるものとなった。

日本はロシアと日露協約を締結し、中国やモンゴルにおける勢力範囲を相互に認めあった。ロシアが満州から撤退すると日本は、中国と「南満州及び蒙古に関する条約」を締結し、旅順・大連は一九九七年、満州鉄道は二〇〇四年まで租借、その他満州の土地の賃借と鉱山の採掘権も法的に認められた（対華二十一か条要求）。中国の反日学生や活動家等の抗議はあったが、日本は満州進出の正当性を得た。これにより後年のリットン報告書も日本の満州権益は認めざるを得なかった。

共産革命ではないとは言え、中国皇室が打倒されたことを聞かされた裕仁親王は、皇室は未来永劫盤石のものではなく、もし日本に内乱が起きれば皇室も危うくなり、外国の軍隊や商工業者に支配される。内乱が起きないよう為政者は心がけなければならないと子供心に染み込ませたことであろう。

嘉仁天皇即位、裕仁親王は皇太子に

一九一二年明治天皇崩御、裕仁親王の父の嘉仁皇太子が天皇に即位、大正と改元された。裕仁親王は皇太子となり、弱冠満十歳で陸軍少尉及び海軍少尉に任官した。父嘉仁天皇は病弱で軍務に就けなかったから、軍の最高司令官として裕仁皇太子への期待は大きく、幼くして軍事教育を受け、**軍人として育てられた唯一の天皇になる。**（注⑤）皇太子は、軍部の期待に良く応え、遊びは模擬戦闘である。突撃命令等の指揮を執ること十一歳までに累計五十回に達したと言われている。

しかしながら、国家財政は新天皇を祝福するような状況にはなかった。八年前の日露戦争の勝利とは裏腹に、日本はどうしても外国からの借金なしには戦争を続けられない、と足元を見られ、金利は一〇％に近い高利であったと言われている。戦後もその借金を重く引きずり、国民は重税に苦しんでいた。その中で発足した桂太郎内閣は、数万ともいわれる不平不満の国民に国会議事堂を囲まれ、桂内閣は総辞職した。**新聞が激を飛ばし、大衆が行動を起こして内閣を倒したのは、初めてのこと。新聞は興奮した。**（注⑥）国民は早くもデモクラシーを感じる時代になる。

第一次世界大戦とドイツ皇室の断絶

一九一四年六月サラエボでオーストリア・ハンガリー国皇太子夫妻暗殺事件をきっかけに第一次世界大戦が勃発した。大英帝国に敵対したドイツ・オーストリア・オスマントルコ帝国に対し、日本は日英同盟に基づき、ドイツに宣戦布告した。日英連合軍は中国青島にあったドイツ軍のアジア本拠地を占領した。

地中海は地勢的に黒海につながり、そこにはロシア艦隊が控えてロシアの後背を守っている。ロシアは連合国側に味方したことで、連合国側は背後を脅かされず、ドイツとオスマントルコの連携を阻止する。ドイツ海軍はそうはさせないと、Uボート潜水艦によりイギリス海軍軍艦や輸送船を次々撃沈していた。

英海軍はドーバー海峡や北海防衛に追われて、地中海の制海権が危うくなったことから、日本に駆逐艦艦隊派遣を請願した。日本海軍は地中海のUボート退治に乗り出し、ドイツの地中海の制海権を奪い、オスマントルコとの連携を分断し敗勢にさせた。この日本海軍の貢献は大きく、戦後連合国の主要メンバーとして、ドイツから南洋諸島や中国青島を奪取した他、国際連盟で理事国入りを果たした。

ドイツ帝国は東部戦線にはロシア（途中からソ連赤）軍、西部戦線に圧倒的大軍の英米仏連合国軍から挟撃され、ドイツ帝国は敗戦した。強制徴用された兵士や低賃金長時間労働させられた労働者たちは、敗戦の惨禍に苦しみ、ドイツ皇帝ヴィルヘルム二世の戦争責任を追及した。ドイツ皇帝はオランダに亡命、命は永らえたがドイツ皇室はここに断絶した。

大隈総理より第一次世界大戦の奏上を受けた天皇と裕仁皇太子は戦争に負けることは、百二十五代続いてきた皇室を滅ぼすことにつながりかねないと胸に刻んだことであろう。

ロシア共産革命と皇帝一家処刑

ロシアは広大な国土と強力な陸海軍を保持しており、その維持費は巨額であった。しかも、西欧諸国より産業が遅れていたことから企業の法人税や固定資産税等の収入が少なく、その巨額な軍事費は専制政治の下、農民や労働者から徴収する他なく、増税に喘ぐ農民や労働者の不満は高まっていた。

加えて第一次大戦が勃発するや、ドイツと戦うべく急遽徴兵された数十万のロシア兵士にあてがう食料品の徴発は、一般市民に深刻な食料品不足をもたらし、ペトログラードで大暴動となり、ロシア二月革命に直結した。このとき労働者と農民代表による評議会（ソビエト）による臨時政府が発足したが、まだ共産主義者による革命には至らなかった。

臨時政府は、約三百年続いたロマノフ王朝の皇帝ニコライ二世を二月に退位させたことから二月革命と呼ばれるが、このソビエトのリーダーは社会主義穏健派や皇帝専制を拒否する自由主義者達であり、皇帝の処置は退位で済ませ、処刑までは考えていなかった。

第一次大戦で英・仏・伊の連合国は強力なドイツ・オーストリア陸軍に勝つために、ソビエト軍を味方させドイツを挟み撃ちするのが最善策と考え、翌三月には早々と連合国はソビエト臨時政府を承認、アメリカも追随すると日本も後追いした。

ところが、このソビエトがボリシェビキ（共産主義過激派）に乗っ取られ、十月革命と呼ばれる本格的な共産革命になり、ソビエト社会主義共和国が発足、事態は急変した。

ボルシェビキは、一九一七年七月ロシア皇帝ニコライ二世と皇后、そして十七才の皇女アナスタシアまで一家七名全員を幽閉先で処刑した。

処刑の恐怖におののく皇女たちをかばいながら、皇帝の怒りの言葉がボルシェビキに発せられた。

「余を裁判にもかけず、処刑するのか」

ボルシェビキは答える必要がないと、皇帝一家を逃げ場のない地下室に押し込め、一斉に銃殺したのである。

嘉仁天皇はニコライ二世が日露戦争前に日本を訪問し、明治天皇と親しく歓談していたことを思い出し、皇帝のみならず一家を殺戮した共産革命を激しく憎んだことであろう。嘉仁天皇と皇太子はどのように発言したか、「昭和天皇実録」には見当たらない。ボリシェビキに対する天皇と皇太子の発言を記録に残すことを躊躇したのであろう。

国際共産主義コミンテルン

一九一九年旧ロシアで、社会主義革命をほぼ完了したソ連は、次のステップとして世界に国境なき共産国家体制の構築を目論み、コミンテルンを設立した。コミンテルンとはCommunist International の略である。その司令塔はモスクワにあり、まずはモンゴル等周辺国家、ついで中国や日本、さらには英米諸国もターゲットにして共産党各国支部を設立した。

中国では袁世凱の後継者とされる孫文率いる国民党が地方政府を樹立していた。ここにコミンテルンは豊かな資金を持って入り込み国民党を分派させ、中国共産党を創立させた。このあと中国共産党の実権を握っていくのが毛沢東である。しかし毛沢東はコミンテルンを盲信しなかった。単にソ連から資金と近代戦の軍事技術を得る巧妙さがあった。

裕仁皇太子は、ロシアになぜ革命がおきたのか良くわからなかった。東宮側近を呼び、

「ロシア共産党（ボルシェビキ）がいかに精強といえども、数千万のロシア人は革命に蹶起するものではない。なにが、国民を動かしたのか」東宮側近は答えた。

「ロシア国民の性根は分かりませぬが、想像するにロシアの貧民達に社会主義革命が成功すれば、地上の楽園が生まれ、明日食べるロシアパンがない貧民でも、腹いっぱい食べられると騙した事と推察します」

「しかし、ロシア革命によって、計画経済に変え、ロシアは毎年倍々の経済成長を達成していると発表しているようだが」

「陛下、そのようなコミンテルンの宣伝はどうか無視されますよう。ロマノフ皇室の莫大な資産を強奪し、良質の石炭や石油や鉄鉱石等の大資源がシベリアで発見されて、一時的に国家が潤っているだけでございましょう」

「そうか、それはロシアには幸運なことだ。しかし我が国には軍艦を造れる鉄はない。石油も微々たるものだ。屑鉄を買ってきて、良い鉄にして英米産より安く売らねば誰が買ってくれるか。日本の船が世界一良くできていると認めてくれれば、高く売れるようになり、国民も豊になれる。どうしてそれがわからず、我慢できず、コミンテルンの口車に乗せられる者たちがでてくるのか」

「誠に畏れ多いことでございます。陛下が民草を思って頂いている、皇恩をわからぬ者どもがおりますことは、真に残念なことでございます」

ニコラエフスク（尼港）事件

一九二〇年三月ロシアは共産革命派が勢力を拡大してゆく中、日・英・仏・米・伊の連合国は、ソ連がコミンテルンを介して周辺国家を共産化していく危険な国家とみて、シベリアに協同出兵し反革命を狙った。

日本は日本海の対岸ウラジオストック（日本名は浦塩）にも革命政府が樹立されることを危惧し、米国と共に出兵した。その二年前には、日露戦争に勝利して得た樺太（サハリン）の対岸にあるニコラエフスク（日本名は尼港）には領事館員や漁業者や日本食品・雑貨販売業者等数百人の日本人が居留していた。ロシア革命で政情不安となる中、厳しい冬季になり尼港は凍結、日本人退避のための客船を送れなくなったため、日本陸軍の小部隊を急派し、駆けつけ警護をさせていた。

当時尼港や浦塩ほかシベリアは、各国の支配地のようなもので、ロシア人のみならずチェコスロバキア人・中国人・朝鮮人他少数民族も居住し、漁業を中心につつましい生活をしていた。共産革命が成功したとはいえ、地理的にはモスクワからは約一万Ｋｍも離れた極東の果てにある尼港にまで、ソ連共産党の中核をなすボルシェビキの戦闘部隊パルチザンがレーニンから活動資金を得て、進出できたのはシベリア鉄道が尼港近くにまで敷設され、そこからアムール川で大部隊が北上できたことによる。

尼港郊外の山林に密かに集結した約三千名のパルチザンは、コミンテルンが支援している朝鮮独立運動家数百名と合同し、日本人殲滅戦の機会を探っていた。

そのパルチザンに奇襲攻撃された日本陸軍と日本人居留民は武器・食料・暖房器具等使えるものは全て略奪されたあと、女子供を含め、ほぼ全員が虐殺された。モスクワで革命ボルシェビキ軍が皇后や皇女を含むニコライ皇帝一家を銃殺したことは、既に日本でも報道されていたが、日本人にも襲い掛かってきた共産パルチザンは憎むべき凶悪な組織だと日本国民に再認識させた。ロシア共産革命軍の勢力は確実に拡大し、日本が日露戦争で獲得した樺太や、日本海を挟んでウラジオストックまで及んでいる事態に裕仁皇太子は、改めて共産主義の脅威を感じざるを得なかった。

裕仁皇太子、欧州視察の後、摂政に

同年三月裕仁皇太子は満二十歳を機会に、海軍の遠洋航海も兼ねて旗艦鹿島と御召間香取の二艦を以て、欧州視察に出発した。

経由地の大英帝国植民地である香港に、朝鮮独立運動家が潜入したとの情報に接し緊張が走った。治安当局はコミンテルンが朝鮮独立派を支援し暗殺テロを企てているとの情報を得ていた。先年のオーストリア皇太子夫妻暗殺事件の教訓から、裕仁皇太子は密かに過剰防衛的な行動に出た。裕仁に替わり閑院宮載仁が名代として香港総督主催晩餐会に出席した。英国が対中国貿易の拠点として人口数百人の小漁村を数十万の大都市に築き上げ、自慢していた香港に公式上陸せず、**小松輝久が裕仁の上陸のように装って行動した。**（注⑦）裕仁皇太子が香港公式上陸をしなかったことは、英国側が困惑し、日本側は釈明におわれた。

裕仁皇太子が座上する艦隊は、スエズ運河を経て大英帝国の首都を守る軍港ポーツマスに無事入港した。そこからはお召し列車によりロンドンのヴイクトリア駅に入るが、そこに英国王ジョージ五世（以下ＫＧ五世）が待ち受け、格別の待遇をした。

ロンドンでＫＧ五世から大歓迎を受け、歓迎夕食会ではＫＧ五世の隣席を指定され、親しく晩餐した。そのＫＧ五世の歓迎の辞は、

日本皇太子殿下　（前略）**我が同盟国の誠実な援助と、対戦中に於ける日本陸海軍の勇敢な行動とを、感謝するのであります。**（中略）**而して実に日本も亦聯合国の一員であったのであります**（後略）。（注⑧）

その後、予告なく訪れたＫＧ五世は、

「殿下は学問では何がお好きですか」

「はい。生物が好きです」

「西洋史も学ばれていますか？」

「その学習は少ないかと思います」

「殿下、日本史は勿論大事ですが、これからの日本は、日本だけを考えることは国を危うくすることになるかも知れません」

「陛下、それはどういうことでしょうか？」

「我が英国は日本と同じように島国なので、外国から攻め込まれないと思っていましたが、古くはローマ帝国、中世ではフランス国、近代では国内の内紛から自国の国王を即位させられなくなり、オランダ総督（国王）ウィレム三世にイギリス名の王ウィリアム三世として、

裕仁皇太子を歓迎するＫＧ五世（Wikipedia より）

イギリス国王に即位してもらったのです。国を守る英知は歴史から学べます。決して日本の古式由来の中に閉じこもらず、世界をご覧になって下さい」

裕仁皇太子は、KG五世の話に感銘を受け、偉大な祖父明治大帝の面影をみた。

後年、天皇に即位すると、英国から名誉陸軍大将の称号を得て、英国への想いは更に強まる。

KG五世に続きローマ法王ベネディクト十五世との歓談で話されたのは、一夫一婦制の道徳心であり、カトリックの教えでもあった。

歴代中国皇帝の後宮やオスマン帝国のハーレム、そしてかつての日本の宮中もそうであったが、一夫多妻に溺れると、国を統一し更に発展させる労苦から遠ざかり、国は乱れ外国に浸食されるきっかけとなる。ヨーロッパ諸国の国王達の多くはカトリックであるがゆえに一夫一婦制を堅持し、国に禍をもたらす後宮を作らなくなっていた。

裕仁皇太子のもう一つの大きな成果は、ローマ法王が認めなかった朝鮮カトリック教徒の直訴問題である。一九一〇年日韓併合条約により日本は朝鮮を統治していた。朝鮮人カトリック教徒の一部が日本帝国から独立運動を起こし、ローマ法王庁に直訴したのである。この直訴をどう裁くか、世界のカトリック教徒は注目して答えを聞くと、法王ベネディクトゥス十五世は、

「カトリックの教理は確立した国体・政体の変更を許さない。（中略）**従って**（朝鮮）**カトリック教徒の国家観念には何ら懸念の必要はないことを述べ、更にカトリック教会は世界の平和維持・秩序保**

持のため各般の過激思想に対し奮闘しつつある最大の有力団体であり、将来日本帝国とカトリック教会と提携して進むこともたびたびあるべし」と最大限の好意的コメントを示した。（注⑨）

日本は世界一等国の仲間入りをしたとの自負を持つ皇太子は、カトリックの国家体制堅持の考えかたに信頼を寄せた。後の第二次大戦で連合国に追いつめられるとローマ法王に助けを乞い、戦後にはマッカーサーのキリスト教に傾斜し、改宗するかのような素振りも見せ、戦犯追及をかわそうとした。これは第五章で詳述する。

同年十一月欧州から帰国すると嘉仁天皇の病状悪化により、皇太子は天皇の国事行為を代行する摂政となる。

排日移民法成立とアメリカ敵視

日露戦争に辛くも勝てたのは、アメリカの親日派大統領T・ルーズベルトがニコライ皇帝に講和を勧めたことによる。ルーズベルトは、日本が占領した満州の大市場の門戸開放を強く望み、度々日本に要請してきたが、日本は拒否し続けた。

アメリカは門戸開放し、ハワイやカリフォルニア等に数十万人の日本人を受け入れたにも関わらず、日本は満州市場を開放せず独り占めしたことが報道されると、アメリカ国民は次第に反日になってゆく。

その最初の事件がカリフォルニア州サンフランシスコ市で発生した。日本人学童をアメリカの市立小中学校から追放し東洋人学校に収容する、という議案が成立した。広大なアメリカであるから、農地に住む日本人学童は遠方にある東洋人学校には徒歩で通学できなくなる。既に中国や朝鮮人学童は市立小中学校から追放されていたから、同じアジア人の日本人も中国や朝鮮人と同じ公平な扱いをしただけだ、日本人だけを差別したのではないと市議会議員たちは主張したのである。

日露戦争に勝利した日本は欧米と同じ一等国であると自負し、中国や朝鮮と一緒にするなと、日本人の名誉に関わる反米の抗議が日本で始まった。日本がアメリカに敵対心を持つようになった始まりであるが、さらに強烈な敵対心を持たせる様になったのは、日本人農業移民者の土地所有禁止法である（Immigration Act of 1924）。全て手作業する日本の農業では朝から晩まで過酷な労働をしても収穫量は限られていた。ハワイやカリフォルニアの広大な農地で機械式農業をすれば収穫も収入も日本とは比べ物にならないし、きつい肉体労働も軽減される。

アメリカで機械式近代農業に活路を夢みて、先祖伝来の田畑や家屋を売り払い渡米し、もはや日本に帰れなくなった日本農民たちは、アメリカで低賃金小作農として雇われ、アメリカ人農民より早く起きて働き、節約に励みやっと買った農地を州又は国に没収されることになった時、日本国民の怒りはすさまじかった。東京他各地で反米国民大会が開かれ、アメリカを懲らしめろ、宣戦布告しろと参加者の怒声が飛び交った。

このとき、病弱で面倒な二国間の政争を避けたかった大正天皇に代わり、摂政の裕仁皇太子は実態報告と対処策を上奏させた。

「摂政殿下、日本の二流新聞は排日移民法だと過激な反米報道をしておりますが、排日移民法の原文は Immigration Act of 1924 と申しまして、一九二四年移民法が正しい訳になります。それには日本を名指しした排日の文言はございません。全ての移民者が対象でございますが、アメリカ東部は欧州からの移民が大半であるのに、西部は圧倒的に日本人の移民でございます。特にカリフォルニアでは日本人農業移民者がアメリカ農業労働者の仕事も土地も奪うとアメリカ農民から反発され、標的にされていると誤解が生じたのでございます」

「アメリカ政府に、法律施行の猶予か何らかの補償をしてくれるように頼むことは、できぬのか」

「殿下、日本人農業移民者には誠に酷い仕打ちではありますが、移民問題は受け入れ側の内政に関わることでございます。一旦成立した法律の施行延期や凍結を求めることは内政干渉になります」

青年摂政は問題の本質を的確に捉えた。

「アメリカは日本に内政干渉されたと思ったら、対米関係は益々悪化し、重大な危機に陥ると申すのか」

「ご明察のとおりでございます。日本の輸出高の約四割はアメリカになっております。この多額で利幅も大きい輸出高を他国に上乗せするのは、容易ではありません。日本商品の不買運動をされて四割もの輸出が無くなったら、この国は失業者であふれかえることになります」

「徒に国民を煽動せず、冷静に治めるのが上策であろう」

「ご叡慮を賜り、恐悦に存じます。政府と致しましても、アメリカに善処を申し入れます」

これに至った背景には幣原外相がワシントン出張中に誼を得た、英国駐米大使のアドバイスが反映されていた。一帯と思われていた英米関係もそうではなく、強引なアメリカに英国は手を焼いていた。

ジェイムス・ブライス英国駐米大使は外交の要諦を幣原に諭した。

「国家の永遠の存続を考えれば、五年や十年の屈辱は問題ではないのです。長い目で国家の前途を見つめて下さい。（注⑩）日本から見れば英米は一体と思われるかも知れませんが、我が英国も永遠の存続を考え、米国には随分譲歩しているのです」

しかし数次に及ぶ日米外交交渉も失敗に終わり、日本国内に横暴な敵国アメリカというイメージが定着した。貧困に苦しむ農家の次男、三男等に分ける田畑はなく、陸軍志願兵から下士官になるか、遠すぎる南米に替わって登場してきた満州に移民する動きを加速させた。このことが満州は日本の生命線であり、その市場を狙う米国は不倶戴天の敵であるとして、約三十年後の日米戦争の一つの原因を作っていく。

青年摂政は次に宮廷改革に着手した。古来天皇家は一夫多妻であり、祖父明治大帝は側室六人を持ち、父嘉仁天皇も女官に手を出そうとした。（注⑪）母節子皇后を泣かせることになった女官制度改革に乗り出す。

皇太子には自らの后には、女官のいびりを許さないという決意もあったのではないだろうか。後年、良子皇后は長い間内親王のみ出産し、親王は生めなかったことから、側近から側室を持つことを勧められたが、裕仁皇太子は〝それは人道に反する行為だ〟と頑なに拒否し、良子皇后のみ愛し、ついに明仁親王（後年の平成天皇）が生まれる。

しかし女官とは必ずしも被害者的立場ではなかった。大奥がそうであったように、玉の輿を望む女官も少なくなかった。宮中に住み込み天皇の世話をしていれば、その機会がないわけでもない。しかし、裕仁皇太子は後の結婚の機会に、女官を大幅に減らし、住み込みから通勤に変え、更に生涯独身でなく結婚することを促した。（注⑫）

洋行帰りの摂政は、開明的な洋風のライフスタイルも取り入れ、陸海軍に命令するときこそ大元帥の軍服姿になるが、政務や私生活は背広等洋服を着用、臣下との会食にはマナーを身に着けた洋食を取り入れてゆく。

これは、一般社会を知ることなく華族の家から十七歳で宮中に嫁入りし、女官達に復古調の皇室生活を躾けられ、世界を見ることがなかった母の節子皇后の考えと離反していくことになるのは無理も

なかった。節子皇后はついに、

「お前は二千年の由緒正しき皇室に、洋風生活を持ち込み、全国の勅撰神社詣でや神道儀式を疎かにしていませんか。歴代天皇様方はさぞやお嘆きになっておられるぞ」と小言を聞かすことになった。

宮中は女官から職員まで一般人には決して情報公開されない諸制度や慣習や用語で生きながらえてきた。換言すれば、二千年を超える天皇の歴史を格式と儀式で飾ってきた一面がある。一般人が知らない古式に戻るから良いのであって、それを革新させ改善しては、一般民衆の住む世界になってしまうという恐れがあったのであろう。宮中祭祀・儀式・儀礼・慣習・行事等々一般には非公開とし、それを職員達だけのノウハウにして、他の省庁の役人と同じように、自らの地位と仕事を守る一面があったことは否めない。さらに政府と宮内省は、宮中に改革や情報公開などは共産主義者的な者が考えることだとして、皇族を増やすばかりか華族を新設し、その中心となる皇室制度や権威の強化肥大を図ってゆく。

難波大助、裕仁皇太子狙撃で死刑

一九二一年十二月裕仁皇太子は摂政として帝国議会開会式に臨むため、虎ノ門を御料車メルセデスベンツで通過中、難波大助により狙撃された。所謂虎の門事件である。弾丸は御料車特製の防弾ガラスで衝撃が緩和され、摂政は無事、同乗した侍従長のみ軽傷したのであるから、傷害罪か精々殺人未遂罪である。しかし公判において難波は天皇制批判と共産主義者を口にしたため大逆罪が適用され、死刑執行された。ちなみに大助の父は、前衆議院議員で地方の名士であったが、父は息子の罪を償わなくてはと家を閉ざし、およそ半年もの間一切食事をせず餓死する悲劇となった。そのことを内奏された皇太子は憐みを感じ、折をみて難波家の復権を考えるよう指示、君主の寛容さを示した。命を狙われた摂政が、その暗殺を目論んだ者の家門を守るとは天皇制国家を本末転倒させかねないだけに、政府は摂政の温情は伏し、難波家地元の県知事から内務省に嘆願の形を取らせた。

一九二四年一月、皇太子に何らの傷を負わせなかった未遂犯に過ぎない難波の死刑に義憤を感じた朝鮮人金址ソブは、二重橋で爆弾を投げつけたが不発、警官に逮捕された。取り調べに対し、金は朝鮮独立運動秘密結社員を名乗り、天皇制国家に反逆の行動をとった。

これを聞いた、植物学者でもある皇太子は「朕を狙撃した難波とやらは、背後に組織はなかったから、突然変異のようなもので連鎖はしないのではないか。もし、朝鮮人金某がコミンテルン日本支部共産党員となれば、癌のようなものだ。自己増殖するかもしれない」と懸念したようである。

日本共産党創設とコミンテルン日本支部

一九二一年コミンテルンは、世界二番目の共産国家、モンゴル人民共和国を誕生させた。日本共産党の創設は日本人によるが、モスクワのコミンテルンに幹部として活動していた片山潜の働きかけが大きかった。同年十一月にコミンテルン日本支部・日本共産党設立となる。これは、コミンテルンからの一方的な働きかけばかりでなく、日本人コミュニスト達の誘致的活動もあったのである。

日本共産党への指令の一つはロシア飢饉救済を名目にしたロシア支援友好組織づくりであった。共産国家アレルギーをなくすため、監視されている共産党員ではなく、自由に活動できる有名歌人与謝野晶子や作家山川菊栄ら文化人を広告塔にして、ロシア飢饉救済婦人会はロシアの絵葉書や音楽会でカンパを募った。共産主義者が表面に出ないこの大衆向け共産国友好団体やシンパつくりに治安当局は警戒感を募らせ、日本共産党を徹底的に弾圧し、解党に追い込む。

続いてコミンテルンは全世界に常置スパイ網を広げてゆく。その資金はモスクワに潤沢にあり、コミンテルンの各国駐在員に送りつけられた。駐在員はソビエト大使館員であるから外交特権を有していた。スパイ容疑をかけられても外交官不逮捕特権で脱出する。更に、駐在員の耳や手足となる協力者はそれぞれの国に設立した民間企業の社員として社会的地位を与え、その裏でスパイや秘密工作をすることに安心感を与えていた。

コミンテルンと中国共産党と孫文

コミンテルンは国境を接するモンゴルに共産国家を設立させたが、続いて共産党の精鋭党員を孫文の中華民国国民党にも入党させ、庇を借りて母屋を乗っ取ろうと画策していた。孫文は容共政権でも中国を統一できれば良いと考えていたが、北京の国民党政府はこの時はまだコミンテルンとその手下になる中国共産党を警戒し、敵視もしていた。

一九二九年五月、中国のハルビンのソ連領事館は数十名の（中華民国）**警察の強制捜査を受け、三九名が逮捕され、多数の文書が押収された。コミンテルンの秘密会合が開かれているということからなされた捜査であった。**（注⑬）この時はソ連と中華民国は蜜月関係でも友好国でもなかった。数年前のシベリア出兵では中華民国も日本と協調してシベリアに出兵し、ソ連赤軍と戦ったのである。

ソ連領事館内は外交特権により保護され、中華民国警察の立ち入りなど許される訳がない。ソ連は外交特権を蹂躙されたと厳重な抗議をした。中華民国は遡って一九二四年に締結された中ソ協定を根拠に〝相手国の政治的社会組織に反対する宣伝はしてはならない〟ことの取り決めに反して、共産主義を宣伝し中国国内で破壊活動を煽動したとして、中ソは互いに国交を断絶した。

国交断絶になるやソ連は準備が完了した**十一月に満州里を爆撃、中国東北軍第十七旅団７０００人はほぼ全滅、**（中略）**ソ連軍は満州里に入った。**（注⑭）共産国家による煽動と破壊活動の次は国交断絶、局地的戦争をしかけコミンテルンの常駐を認めさせていく手口を冷静に観察していた日本陸軍と外務省は共産主義者の日本侵入に過剰に警戒させる事件になった。

中華民国政府はソ連コミンテルンを拒否できなくなると、上海にある日本の幾つかの紡績工場にゼネストが頻発するようになってゆく。ゼネストとはゼネラルストライキの略で、労働者側の要求が認められるまで無期限に仕事をせず工場を閉鎖し、工場内に立て籠もり、工場の敷地内外でデモ行進やシュプレヒコールを大声で叫び、経営者を心理的にも財務的にも圧迫させるのである。

ゼネスト参加者にはもちろん賃金が支払われないから飯も食えなくなる。ゼネスト指導者は緊急資金のあてをつける必要がある。この上海ゼネスト闘争資金は、孫文がゼネスト指導者に配っていた。資金の出所はコミンテルンである。**孫文は一九二三年のソ連第三革命のころからソ連の資金を仰いでいて、上海ゼネスト（一九二五年）の頃にはお金の入りかたは尋常ではなくなっていた。**（注⑮）

中国の革命の父と尊敬される孫文は節操がない男であったようである。最初に日本、次いでコミンテルンとしばしば敵と味方を変えて、どこからでも金を集めてきており、資金は潤沢であった。ゼネストは中国各地に伝染し、参加者二十五万にも及び警察では鎮圧できず、各国駐留軍が出動しデモ参加者を弾圧したことから、中華民国大衆の排外的愛国心に火をつけることになった。デモ参加者は、ロシア革命を成功させ計画経済を導入しロシアを強力な近代国家に変貌させた共産主義に希望の灯を見て、コミンテルンが狙う革命は警戒しなかった。

コミンテルンの浸透を掴んでいた中国進出日本企業や日本政府は当然のことながら日本の産業にも共産主義が浸透し、定着するかも知れない危機感を覚えていた。

宮中某重大事件

遡って一九一七年裕仁親王の立太子礼が執り行われると、節子皇后は病弱になられた天皇の行く末を心配し、息子裕仁の妃選びを本格化させた。最初に皇族と五摂家の内で健康で利発で孝行心のある娘達が候補となり、種々評定された結果三名に絞られた。いずれもその推薦者には宮中や政府内にしかるべき地位を得たい皇族・華族の思惑が強くあり、政財界・高級官僚や軍人の娘は所詮一般人ではないかと候補から外された。

上流階級の嫁選びと言っても嫁・姑問題があった。姑となる節子皇后は五摂家の一つである九条家ではあるが、庶子（側室の娘）であった。嫁となる者に内心でひけ目を感じないよう、三名の候補の中で家柄は皇族を避け、五摂家が望ましいと内意を示した。五摂家とは、貴族の藤原家から分家した、近衛・一条・二条・九条・鷹司である。武士が天下を取っていた時代を除き平和な時代には、天皇の后は五摂家からと制限し血の純潔を守るということになっていたが、反面血族結婚による弊害も見受けられた。家格で五摂家に遥かに優る皇族の久邇宮家の良子女王も有力候補であったが、節子皇后は息子の嫁の家格は皇后と同じ五摂家を望んでいた。**美貌だけからいったら一条家の朝子姫が光っていたが、裕仁親王が選んだのはぽっちゃりした良子女王だった。**（注⑯）

裕仁親王の意志となれば、無視はできない。節子皇后も良子女王を妃とする前提で、最後の手順となる入念な身体検査をさせた。皇太子は側室を持たないと断言している以上、大日本帝国の次の天皇となる子を健やかに産める健康な体であるか、時には深夜に及ぶ宮中行事や年に百回以上にもなる各国の国賓との晩餐会で疲れることなく、天皇を助け目配りできることも必須であった。

日本の皇室は世界一と自負し、帝国政府も国威発揚から十分な予算をつけた。ワインはフランスの最高のものを、料理はフランス以上の十六皿と言われ、デザートも数品になる。これを優雅に食し、食前・後の歓談を含めれば四時間に及ぶ体力が必要になる。賓客は食べ切れなかった宮中料理を有難く拝受し持ち帰り、家人や使用人に渡すしきたりであった。

さらに主要国大使から招かれる親善パーティ、国内では日本赤十字名誉総裁他を勤め、勅撰神社を参拝する体力があるか、内科・婦人科検査と体力測定が行われ、医師団からは何ら問題なしとの報告がされた。これを受けて宮内大臣は、婚約内定の吉報を良子女王の父、久邇宮邦彦王に伝えた。邦彦王は、

「この上ない名誉なことと良子ともども大変な喜びでございます。……しかし隠すことなく内々にお話し致しますが、良子本人は何の異常もない体でございますが、良子の祖母に軽い色覚異常がございます」（注⑰）

この内緒話に、宮内大臣は仰天した。

「思いもよらぬことを正直にお話頂き恐れ入ります。ここはやはり、貴家の主治医に良子女王様の色覚を診断して頂き、その診断書を宮内省にご提出頂きたいと存じます」

これは官僚の半ば本能となっている責任回避であろう。宮内省としては良子女王の身体検査を何回も行い、何ら問題なしとして、婚約内定の吉報を宮内大臣みずから届けにきた。ところが、宮内省の身体検査に手抜かりがあったから、白紙に戻すと言えるわけがない。色覚に異常があってもなくても、久邇宮家の診断書にしてしまえば宮内省の責任は遠のくと考えたのであろう。

久邇宮家提出の診断書は〝良子女王に色覚異常はない〟とあった。宮内省は危機が去ったとみて、一九一九年正式に皇太子の婚約発表をした。

しかし天皇をしばしば利用してきた八十二歳の元老山縣有朋は、色覚異常問題は天皇の子孫が思い

もよらぬ事態になるかも知れぬと言い出した。山縣は天皇の意向など意に介しない。明治新政府に賭けた幕末攘夷の戦いでは若輩者であった故に最前線に立ち、その肉体に刀の創傷を何か所も受けて全身血みどろになっても戦い抜いた荒武者であった。日露戦争の折には、参謀本部からの報告に異を唱えた明治天皇に、

「黙らっしゃい」と一喝したとされる。山縣には、誰が天皇を祭り上げ神格化し、その天皇のもと最強の陸軍を鍛え上げてきたのかという強い自負心がある。

良子女王の弟は軍人であったことから、陸軍大将の権限で、色覚検査させたところ異常が発見されたようである。この報告を受けた山縣は、弟に異常があるなら、色覚異常は子供に遺伝しないとは言えないではないかと松方・西園寺の元老と首相の原敬の同意を得て、良子女王は婚約辞退すべきと父の久邇宮に書面で通告した。これが宮中某重大案件である。

この書面を送りつけられた、久邇宮は怒り心頭に達した。久邇宮家は、

「色覚異常が有るかもしれないと報告したではないか。それでは診断書をと宮内省に言われ、それも提出したところ、宮内省は問題なしとして正式に日本中に婚約発表をした。それを今になって辞退せよとは横暴極まる。そもそも娘をぜひ嫁に欲しいと申し込んだのは宮内省ではないか。嫌がる娘に世継ぎを産める体なのかと婦人科検査も受けさせた。それが、婚約辞退せよとは、国民に向かって、娘は傷ものだと認めるようなものではないか。そうなれば、娘はまともな結婚のチャンスを失う。どう

しても皇太子妃として受け入れないのであれば、娘をわが手にかけ、父も死ぬ」と言い出したようである。

これに久邇宮家良子女王に倫理を御進講していた、東宮（皇太子）御学問所の杉浦重剛は、（良子）**女王が色盲の遺伝子を有する可能性があることから、父邦彦王に対し婚約辞退が求められているとの事実を告げられ、人道上、取るに足らぬ些少の欠点をもってご内定を取り消すことは、満天下に悪模範を示すものであるとしてこれに反発、**（中略）**病気を理由として御用掛の辞表を提出し**（中略）**以後東宮後学問所の終業まで倫理の講義は行われず。**（注⑱）

既に国民にはこの〝宮中某重大事件〟は密かに漏れており、国民を味方につけ、山縣横暴なりと天下に正邪を明らかにしたかったのであろう。久邇宮は、病が重篤になり面会を許されない嘉仁天皇に代わって、節子皇后に拝謁を求め直訴した。

節子皇后は謙虚にして、自他ともに出すぎた振る舞いを嫌い、やや保守的な性格であったから、良子女王は嫁入り前に、姑から嫁の父久邇宮は敬遠されることになったようである。

久邇宮がやや感情的になっているとの報告を受けた、節子皇后は、

「山縣も余計なことをするが、久邇宮も大騒ぎにして大人気ないことよ」と嘆息した。

それでは**久邇宮家に近い関係者からは**この宮中某重大事件をどう見ていたのであろうか。

「汽車の旗振りや運転手になるわけでもあるまいし、仮に色盲であっても差支えないではないか」と

の声や、

「そもそも皇統そのものが長い間、血族間での結婚を繰り返してきたためにガタピシの血液なのだから」など と、過激な抗議が密かに囁かれた。(注⑲)

色盲は日本と同様に血族結婚が多い欧州では Royal Desease(皇室病)と言われ問題にされない病気である。問題とされたのは血友病で、子供の内に早逝する悲劇が相次いだ。それでもハプスブルグ家はベットの上で欧州全土を支配したと言われたように、フランス・スペイン・東欧各国の皇室に娘たちを送り込み婚姻外交で勢力拡大した。英仏・英蘭・英独・英ロ・独ロ等々欧州の各王室は血のつながりがある。日本も五摂家から妃が送り込まれた血が濃い歴史がある。

それが、宮中の覇権を争う薩摩閥と長州閥との政争に使われ、宮内大臣は何人も更迭された。長州派統帥山縣が送り込んだ中村宮内大臣は、一九二一年二月、〝良子女王殿下の妃内定に関し、〝世上種々の噂があるやに聞くも、ご決定には何ら変更なし〟と発表、日本中が揺らいだ宮中某重大事件を収め、山縣には宮内大臣辞職で詫びを入れ、落着させた。

裕仁皇太子、久邇宮良子と結婚

一九二四年一月二六日久邇宮家長女良子と結婚の礼が執り行われた。一九二一年には良子との婚約が成立していたが、結婚を目前に関東大震災が発生、その追悼や見舞いから挙式は延期されていた。皇太子妃となる良子女王にしてみれば長く待たされた華燭であり、それだけに馬六頭引き馬車による晴れやかな結婚パレードをしたかった。しかしそれを伝え聞いた節子皇后は、「まだ関東大震災の傷跡も癒えず、苦しい国民も多いというのに時局をわきまえよ、馬は四頭で充分」と良子を諭した。節子皇后にすれば、良子は久邇宮が強引に押し込んだ、いわば押しかけ女房ではないかという思いすらあったのであろう。

良子皇太子妃は、我が身は久邇宮家という皇族である。それでも宮中の嫁いびりかと悔し涙がこぼれたことであろう。

歴史は繰り返され、一九五〇年皇太子妃美智子の結婚パレードは馬六頭の盛大なものになると聞いた良子皇后は、平民の娘（父は日清製粉社長正田英三郎で上流階級）が生意気に馬六頭か。皇族久邇宮家の私ですら、馬四頭にさせられたのだ。平民の娘には馬二頭でも十分ではないか、と近くの者に不満を漏らされたようである。

馬六頭によるパレードは、控えめな美智子妃の希望ではなかった。〝どうかご辞退させていただきますように〟と繰り返す美智子を説得した明仁皇太子の、〝この件に関しては母には負けない〟という意思表示の一つではなかったろうか。結局母良子皇后には、馬車は四頭引きと報告し、実は四頭の

前に先導二頭を分けて配し、六頭問題を何とか収めたのであった。（注⑳）

裕仁皇太子に話は戻る。一九二四年六月前警保局長後藤文夫をして、国内各地方での社会運動等を講話させた。

一九二四年、嘉仁天皇の病は楽観できなくなる中、〝臨時御歴代史実考査委員会〟（注㉑）が設置される。摂政から天皇になる日が近づくにつれ、皇統は神武天皇以来諸天皇が在位し、万世一系を継いでいるという時代考証を固め、皇統譜令を公布、その後の神国日本思想の拠り所に使われてゆく。

◎第一部　注釈

①②④「昭和天皇実録評解」　小田部雄次著 P36　46　67
③「昭和天皇実録　第一」　宮内庁編　P212
⑤「昭和天皇の謎を解く」　半藤一利・他著 P103
（半藤）昭和天皇は軍人として育てられた唯一の天皇です。明治四十三年に皇族身位令が出され、「皇太子は陸海軍の軍人たるべし」と定められます。
⑥「戦争と新聞」　鈴木健二著　P65
⑦「昭和天皇実録評解」　小田部雄次著　P262
⑧「昭和天皇実録　第三」　宮内庁編　P48
⑨「昭和天皇は何と戦っていたのか」　井上亮　著　P83
⑩「アメリカの排日運動と日米関係」　蓑原俊洋著　P273
それを聞いたプライスは突然真顔となり、幣原を睨みつけて「貴方は国家の運命が、永遠であるという事を認めないのですか。国家の長い命から見れば、五年や十年は問題じゃありません。功を急いで紛争を続けていては、しまいには二進も三進も行かなくなります。いま少しく長い目で、

国運の前途を見つめ、大局的見地をお忘れならぬように願いますと言った。幣原は（中略）のちに「まるでお祖父さんにでも訓えられているような気持ちであった」と回想している。

⑪⑫「昭和天皇実録を読む」原　武史著　P32　34

裕仁は訪欧ののちに女官制度の改革に乗り出します。そのときに一夫多妻的な世界の温床となっている後宮を廃止し、名実ともに一夫一婦制を確立することに固執するわけです。一夫一婦制は大正天皇の時に確立されたということになっていますが、大正天皇は浮気癖があって女官に手を出そうとするんですね。実際、貞明皇后はそれに対して、「ヒステリー」を起こしています〃（中略）結婚に際して女官の数を大幅に減らし、源氏名を廃止し、住み込みではなく通勤させ、生涯独身でなくてもよいようにした。

⑬⑭「満州事変はなぜ起きたのか」筒井清忠著 P114～117

⑮「昭和史裁判」半藤一利・加藤陽子共著 P117

孫文は大正十二年（一九二三）の第三革命のあたりからソ連に支援を仰いでいましたが、上海ゼネストの頃にはソ連からのお金の入り方が、もう尋常じゃなくなっているのです。（加藤）

⑯⑰⑲「昭和天皇七つの謎」加藤康男著　P81　85　95

⑱「昭和天皇実録　第二」宮内庁編　P663～664

⑳「皇后の真実」工藤美代子著　P57

確かに『入江相政日記』には、「皇后さまが今度の御慶事の馬車六頭、御大礼の時の御自身のも四頭だった、憤慨だとかおっしゃった」

㉑

「昭和天皇実録　第四」　宮内庁編　P547～548

史実を明確にするための調査機関特設（中略）の建議が採用され（中略）、臨時御歴代史実考査委員会が設置され（中略）、左の三項が同会に諮問された。（後略）

第二部　青年天皇

裕仁皇太子は天皇に即位、大元帥に

一九二六年（大正一五年）一二月二五日、嘉仁天皇崩御。嘉仁天皇は臨終に際し、許されて枕元に呼ばれ手を握られたのは、在位中なかなか会わせてもらえなかった、実母の柳原愛子であったとされている。嘉仁天皇の最後は、母へのひたむきな思いがあった。

裕仁皇太子は同日践祚され、元号を昭和と制定した。二十五歳の裕仁新天皇は即位と同時に大元帥となり、帝国陸海軍の最高司令官となった。天皇の所作が身に付き二年後の大礼では、陸軍観兵式に続き、海軍観艦式を親閲し、お召艦上で勅語を朗読した。勅語は海軍大臣経由で全海軍に達せられた。以後頻繁に陸軍大演習統監、師団長会議での奏上を受けて沙汰（指示）し、観兵式行幸、海軍観閲式関東防空大演習等に臨御し統帥者としての存在感を広く国民に示すことになった。

陸海軍将兵への号令に加え、日本駐在の外交団にも即位の礼式に百三十名もの代表者が皇居内に招かれ、所定の位置に着席した。以下は宮内庁が公開しない即位の礼の光景で、これに招かれたベルギー大使の記録になる。

十人の妃殿下方が西洋風の装いでご入場になり、この同じテーブルにおつきになり、十五人の殿下

方は正面第一列に席をおとりになった。

それから完全な沈黙があった。全員が頭を下げている間に、大元帥の制服を召された天皇陛下が、白絹に包まれた箱に入った剣と神器を奉持したふたりの高官に先導されてお入りになった。天皇につ いで皇后陛下が、引裾のある白と金の錦のお召し物で、王冠と輝くばかりの首飾りをおつけになってご入場になられた。（中略）式部長官伊藤公爵が、陛下に歓迎のおことばを書いた書き物をお手渡しし、陛下はそれを全参列者、特に友好諸国の代表者たちに向かってお読みあげになった。

つぎに総理大臣が（中略）答礼の辞を述べた。ついで外交団首席のドイツ大使が（中略）外交団からの答礼の辞をフランス語で読んだ。（注①）その後、乾杯・会食となった。

世界大恐慌と社会主義経済

遡って一九二二年ソビエト連邦社会主義共和国が発足したが、二九年にはアメリカを震源地とする世界大恐慌が襲い、日本の輸出品では高価で利幅の多い絹製品や軽工業製品もバッタリ売れなくなり、地方の養蚕家も都市労働者も貧窮にあえぐことになった。

不況は東北の農村も襲い、最も悲惨な状況が小作農にもたらされた。凶作となれば、日々その日暮らしでギリギリ生きている彼らにはストックがない。食べるものが無くなるとそれまでになる。カネなどあるわけがない。一家心中するかと追いつめられた時、家のため娘は身売りした。泣き続ける娘に、母は、

「奉公先で腹いっぱい食べさせてくれるから、何をされても辛抱しておくれ」と、涙ぐんでせめてもの慰めを言ったのである。

ガリガリに痩せた少女を見ては、客も欲望よりも憐みを覚えて、手を出せず帰ってしまう。商品価値を高めるために食べさせただけである。そのようなことを新聞等で読んだ昭和天皇は、側近や内務省官僚を呼び、説明させた。しかし、「昭和天皇実録」では、天皇の下命により、念入りに対策された記録はない。想像するに、多数の小作人から収奪した収益から地主が多額の税金を払い、高価な兵器を買い、数十万人の兵士を養ってきている軍国維持徴税システムを否定するようなコメントは書けなかったのではあるまいか。明治以来、高額納税者は地主であった。

昭和天皇は台風・風水害等の自然災害でも心を痛め、必ず救恤金を下賜されてきた。まして娘の一生を台無しにする身売りが本人の恨みは勿論、娘の兄弟をして社会主義やファッショに向かわせる原因になっていたことも知っていた。天皇は貧窮対策させ身売りの抑止を間違いなく指示していたはずであるが、天皇実録に明示されていない。

天皇の社会問題への関心は、国内問題から世界大恐慌に及んだ。

「世界大恐慌の原因を知りたい」

「恐れながら、ご説明申し上げます。その発端はニューヨーク株式市場の株価大暴落でございます。株式資産を失った多くの中産階級は生活用品すら買えなくなりました。労働者が働く製造会社では、倉庫は商品在庫にあふれ操業停止、労働者の大量解雇が始まったのでございます」

「アメリカ国内の大不況が、なぜ世界に広がったのか？」

「陛下、アメリカは世界の国々と貿易しております。日本からも高価な絹製品や陶磁器、安価と言えども大量の玩具等様々の商品を買ってくれておりましたが、それがばったりとなくなってしまいました。アメリカは国内産業を守るため輸入品にはとんでもない輸入税をかけ、日本から輸出できなくなり、勤め人も解雇されました。家庭から金がなくなり、銀行から預金が続々引き下ろされると、銀行も又倒産し始めたのでございます」

「共産主義者達は、〝資本家だけが利益をむさぼるからこのようになる。共産国家ソ連を見よ、恐慌はない。生産は毎年伸びていて、銀行の倒産もないから、共産国家は理想郷だ〟と宣伝している。これを信奉する者も増えるのではないか」

社会主義の計画経済に詳しい官僚が答えた。

「陛下、資本主義経済は必ず破綻する。破綻がない計画経済を無批判に信じて、社会主義計画経済が良いと説く学者も日本におります。確かに計画経済は需要と供給を段階的に計画しそのとおり実行する、いわば自給自足システムを大きくしていくようなものですから、作りすぎて在庫になることはありません。しかし、皆平等にしようとすると、計画数を全て良品にしようと必死に働く者と数だけ作る者と給与は同じですから、平等を言い訳にして、手を抜き楽をしたい者ばかりが増えてきます。完全な良品は少ないので、高くても良い製品や味が良い農・水産物を買える闇取引が増えて、実質的インフレになってゆくのであります。ソ連の銀行は全て国営ですから、倒産はございませんが、競争がないので働かない、サービスしない銀行員ばかりで、銀行の入り口は長蛇の列になります。付け加えさせていただければ、その不満を訴えたものは不穏な反革命分子として逮捕、収容所で過酷な強制労働と過労がもたらす病死が待っているのでございます」

「共産主義の国は、それほど酷いことをするのか」

「そのとおりでございます。それもわからずコミンテルンから、国際共産党日本支部だ、ドイツ支部だ、フランス支部だ、アメリカ支部を任命されて世界革命を目指すと喜んでいるとは嘆かわしい限りでございます」

「コミンテルンが頭脳で、日本や英米独仏の主要国家が神経のようになって機能しておるのか……」

生物学者でもある昭和天皇はさらに追及した。

ソ連は労働者と農民のユートピア

「ソ連の国旗は、赤地に黄色のハンマーと鎌になっているが、労働者と農民を大事にするというのは本当か？」

「陛下、それは社会主義が大成功して、共産主義社会が実現したらという甘い空想論でございます。労働者につきましては先ほど申しましたので農民についてご説明申し上げます。私有財産の畑や農機具等を農民から取り上げ、工場のような集団農場にして、働いても働いても追いつかない過大なノルマを課しております。国営農場で汗水たらして働かせられ、自分がこれまで大事に使ってきた農機具は取り上げられ、他人が無造作に壊した農機具など、手入れをしなくなります。壊れた農機具で生産数は計画数を達成できない事を理由に、農民の食べるものまで強制的に取り上げ、抵抗するものは見せしめに処刑かシベリアの強制収容所に送り、農業従事者を大幅に減らしてしまったのです。ソ連向けだけではなく欧州全土の穀倉地帯と言われるウクライナで餓死者は何と一〇〇万を超えたとの情報を得ております。日本の小作農とは比べられない、悲惨な状況でございます」

「左様であったか。共産主義社会は幻想のようなものか……」

穀倉地帯ウクライナで大量の農民餓死

ウクライナでは農業の現場を知らぬ共産党幹部が、工場のような集団農場を始めさせていた。スターリンは富国強兵国家にするため、ソ連共産党の支配下にある連邦国家、地方自治体、国営企業等々に達成目標を指示し、党幹部会は国家の基盤となる鉄鋼生産倍増案を提出させた。スターリンは、

「目標達成にはヒト、モノ、カネが要るが、カネはロシア時代の対外債務を全て踏み倒したから、余剰資金はある。次に人はどこから持ってくるのか？」幹部委員は答えた。

「ウクライナ周辺国家には一千万人を超える農業人口があります。およそ半分を鉄鋼労働者に抽出できます」

「しかし、農業生産も前年より二〇％は高めなくてはいけないのだ」

「良い考えがあります。非効率な零細個人農業を止めさせ集団農場制にして、農業機械を貸与し、化学肥料を使わせれば生産高は三〇〇％に増産できます。農民を半減しても一五〇％達成できます」

「よし。農業政策はそれでいこう。しっかりみてやってくれ」

スターリンはこのコルホーズ方式に潜む反作用を理解しようとせず、農民を悲惨な状態に追い込ん

だ。肥沃の穀倉地帯であっても、種を撒けば自然に良い小麦が育ち、簡単に収穫できるわけではない。年に何回も耕すことをしない畑は自然と固い土になり、強靭な雑草しか生えなくなる。農機具の手入れは必須と共産党農業委員会のマニュアルにはあっても、手になじんで愛着ある自分の道具は壊され、使い古して刃をなくした共有農具をきつい農作業で疲れ切った体に、わずかな休憩時間を削ってまで修理する気になれる訳がない。

広大な耕作地を耕すには耕耘機等農業機械が必要になる。エンジン付であれば、その分解整備を丁寧にしなくては、汚れから錆びが発生、シリンダーやクランクシャフトの焼き付きなどを生じさせ動かなくなる。動力がない単純な鍬や鋤等の農機具でも泥を拭い洗い、刃を研いでおかなくては硬くなった雑草は切り取れず、麦の種を蒔いても雑草に負けて、麦は全滅する。

「実態は左様であったか。共産主義に恐慌はないかわりに実態はかなり悪いことがわかったが、まだ腑に落ちないことがある。コミンテルンが日本支部だ、ドイツ支部だ、アメリカ支部だと勝手に指名したところで、ほんの一握りの勢力ではないか。なぜそれが国民に広がるのか」

「陛下、共産主義者はほとんどの者が共産主義の看板を出さず、労働組合や貧しい者達の生活協同組合や医療団体、さらには教え子を戦場で死なすなと赤化教師もおるからでございます。特に赤化教師は教え子の母親達に、〝全て国民は陛下の赤子であるなら、なぜ戦場で死なすのか〟などと、畏れ多くも陛下の聖戦を貶めるのでございます」

「それは、……朕も好んで赤子を戦場に送り、死なせているのではない。この日本は、四面海に囲まれた狭く資源もない貧しい島国ではないか。その海を敵国の大艦隊に囲まれては、生産原料も生活必需品も手に入らず、生存できなくなる。そうならぬよう、北は樺太・満州、南は南洋諸島、東は朝鮮・台湾に日本の最前線を置き、我が国土を守っているのではないか」

陛下のやや色を成した言葉を受けて、このあたりが潮時と侍従は締めくくった。

「本日はご苦労さまでした。陛下に共産主義ユートピアと申すものの実態がお分かり頂け、本日は誠に有意義でございました。今後は、政府も学識者もソ連計画経済の誤りを啓蒙して参りたい所存でございます」

天皇の軍隊は皇軍、その戦いは聖戦

聖戦とは、単なる戦争とは意味が違う。**皇室の天皇は神であり、天皇が統べ治める皇国は神の国であり、そのために命を捧げて戦う兵士は「皇軍神兵」である。**（中略）**このようにして日本が皇室の為に戦う戦争は「聖戦」となった。それは正義の戦争、そして国家のための戦争だった。**（注②）

天皇の兵たちは、徴兵検査により甲乙丙に選別される。全国で行われた徴兵検査の結果、甲種という、病気がなく身体強健で強兵になれる若者は男子の約七割に満たないことがわかり、**陸軍・海軍から長らくかけられてきた圧力を経て、一九三七年七月**（支那事変勃発の時）、**日本政府は**（中略）**厚生省を立ち上げている。**（注③）

軍の狙いは、男子は精強な兵士、女子はその子供を何人も産める体にするよう健康を向上させるあらゆる施策づくりを厚生省の主務とするのである。陸軍は、国民の健康にまで直接介入することの反発を巧妙に回避した。

徴兵検査に合格すると、召集令状により郷里に近い各連隊に入隊させられ、軍人勅諭と軍歌を教え込まれた。天皇の軍隊であるから、〝天皇陛下のためならば、なんで命が惜しかろう〟と歌わされ、天皇のために死ぬのが名誉になると洗脳した。郷里に近い故に、兵営の中で従順な模範兵士かどうか、満期除隊の先輩兵士から新米の息子を心配する父母に報告される、監視社会のようなシステムであった。既に民主的個人主義は終焉していたのである。

一九三五年頃から国威発揚の機運は高まり、国号を〝大日本帝国〟と変え、国際条約や親書に明記される。国威発揚というナショナリズムに神国日本という宗教が合体すると、国は危うい方向に動き出す。

他方日清戦争に勝利して植民地とした台湾では霧社事件と呼ばれる台湾奥地の原住民による武装蜂起事件があった。天皇は、台湾の内政に送り込んだ官僚や警察に思い上がりがなかったか下問した。

皇軍の思い上がりも甚だしいところがなかったとは言えないであろう。天皇は陸軍教育総監や台湾総督等に善処するよう下命した。

天皇、普通選挙に共産党進出を憂慮

少し前後して一九二八年、政府はこれまでの多額納税者のみに限定した制限選挙から、青年男子全てに選挙権を与える普通選挙を実施した。これまで納税額が少ないことから、選挙権を認めず反体制派的な無産（極めて低所得者）階級にも選挙権を認めたのである。資本主義の諸外国では当たり前になっていた、普通選挙を導入することで、日本は海外に対して立憲（憲法に基づく君主制）民主国家であることを示す狙いもあった。しかし、無産階級に選挙権を認めることは、共産主義者の隠れ蓑と見做されていた無産政党がどれだけ議会に進出し、公党として存立してゆくか裕仁天皇は憂慮し、ラジオの選挙成績放送を聞いていた。

河井（侍従次長）**は新聞に掲載された全国候補者一覧表に青・赤の印を付け、当選者と当選確実な者について**（天皇に）**言上する。**（注④）この背景には、枢密院にて天皇臨御のもと原嘉道司法大臣より、共産党員の活動と大量検挙により治安維持法を厳罰化して死刑に改正する主旨説明があり、最後に金子堅太郎顧問官より〃（前略）**今日ロシアと気脈を通じる共産主義者が我が同胞より出た以上、一刻も速やかにこれを絶滅せしめることが必要であり、**（中略）**賛成を表明する。**（注⑤）

これに連動し司法当局による共産党員摘発は熾烈になった。**司法大臣渡辺千冬に謁を賜い、日本共産党員の検挙につき約一時間にわたり奏上を受けられる。**（中略）**日本共産党員千六百余名が検挙、すでに八百二十五名が起訴され**（中略）**た。**（注⑥）

T・ルーズベルト、中国は米国の生命線

満州を含む広大な国家中華民国を、国家の生命線と考えていたのは日本やソ連ばかりではない。米国もそうであった。米国のT・ルーズベルトは東アジアで疑いなく大量の工業製品が捌ける唯一の地域は中国としていた。四億人以上の人口を抱える中国は、全ての国家伸張を狙う国にとって獲得目標になっていた。中国の富、エネルギー、人的資源は類いまれなものがある。東アジアに進出し、この地を米国の経済システムの一部にすることが国益になる。中国大陸は、米国の将来を輝かせる重要課題で、米国が中国市場を獲得できなければ米国の発展はおぼつかないと考えるようになっていた。

米国の強い関心に反して、日本が満州国を米英に門戸解放すれば、満州の豊かな自然資源に加え、

ホテル・鉄道・繊維・貿易・製造業等々は米国のビックビジネスに簒奪され日本のビジネスは敗退することを憂慮し、日本政府は米国進出を許さなかった。

日米敵対の第一は日本が新国家満州の門戸開放をしなかったことである。日露戦争を形式上日本の勝利としてロシアに譲歩させるよう苦労をしたのは、T・ルーズベルト以下米国政府である。その労に感謝しても、見返りを与えなかった日本は米国の友誼を無くし、冷たい関係になっていった。

それが顕在化したのは、日本人の圧倒的な移民があったカリフォルニア州である。日本人移民はその子供達には肉体を酷使しなくても良い職に就かせようと教育を最重視していた。しかし米国は日本を潜在的な仮想敵と見ると、日英同盟が存続する限り、米国が友好国英国と闘う事態を憂慮し、英国に日英同盟破棄を強く要請した。日米の軋轢が深刻化しつつあった。

柳条湖事件と満州国建国

満州は中国最後となった清王朝の父祖の地であり、一般の中国人は許可なく立ち入れない特別地域であった。

中国は三千年という世界最長の王朝史があると言われるが、中国王朝には同一性も連続性もなく一括りにはできないであろう。それどころか新旧王朝は民族が異なり、新王朝は前王朝一族を全て殺害し取り替わってきた。例えば元王朝初代皇帝 ᠬᠤᠪᠢᠯᠠᠢ ᠬᠠᠭᠠᠨ （フビライハーン）は、死後になって漢字名を付けられ中国人にされていると知ったら驚き「オレは中国を支配したが中国人ではない。モンゴル人だ」とモンゴル語で怒るであろう。

中国最後の清王朝も皇帝自ら満州人であり、中国人ではないと宣言した。**西太后は「清は中国に非ず。**（満州人の）**辮髪を解いてはならない。辮髪を解けば中国が滅びずして大清が滅ぶ**（注⑦）」と明言している。満州民族と漢民族とは言語・歴史・文化・風俗・慣習等を明確に区別され、その上で漢民族の役人たちには満州族支配者の代理人として、満州の風俗や服装を強制していた。

その満州族の清朝が漢民族による辛亥革命で滅ぼされると、漢族に追い出された形の張作霖他満州族は、蒋介石による支配に服従せず、満州に戻った。そこに張作霖配下の匪賊も加わり満州独立の動きすら見せていた。

一九一七年国民党北京政府は、幼帝を復位させようとする満州族と蒙古族の親王たちを担ぎ、中華民国から分離独立の動きをしていることに警戒するようになった。

一九一九年には、退位させられた最後の皇帝宣統帝溥儀と共に紫禁城に暮らしていた皇帝の特命英語教師であるジョンストンは〝張作霖は君主制を復古させようと企み、若い皇帝を帝位に就かせ同時に日本の保護下で満州を独立国として宣言する〟との報告を受けていた。**このような事情を知ってい**

る私（ジョンストン）**にはリットン報告書の一節は説明しがたく思われた。それは満州の独立運動について、「一九三一年九月以前、満州内地では全く耳にもしなかった」**（注⑧）中華民国から満州を分離独立させたいと最初に考えたのは日本陸軍だけではなく満州族もそうであった。

一九二四年十一月紫禁城から脱出に成功した溥儀はジョンストンを伴い日本公使館に亡命した。現代中国の歴史教育では、日本が溥儀を拉致したかのように事実を歪曲している。英語を話せるようになっていた溥儀自らが中華民国を脱出したのである。日本ではなく皇帝教師の国、英国を選んだのであれば、ジョンストンを伴い、さっさと英国公使館か英国船に乗り込んだはずである。溥儀は英国に亡命できたが、そうしたら中国人から父祖の地を捨てた者とされ忘れ去られてしまう。溥儀は亡命者でなく、皇帝に復権したかった。

前皇帝溥儀の飛び込みに困惑した吉沢公使は溥儀を一時預かりにして、その内英国やどこかの国に亡命してくれる事を望んでいた。しかし溥儀は日本公使館に居座り続け、旧居宅の宮殿故宮より遥かに狭い日本公使館を狭苦しく感ずるようになり、日本陸軍が厳重に警戒する天津の日本人租界に移った。この時、東陵事件が発生した。中華民国軍兵士により、入り口を塞いでいた強固な石は爆破され、溥儀を愛してくれた西太后他祖先の墓の中にある高価な副葬品が強奪された事件である。先祖の墓を荒らされた溥儀は、紫禁城宦官追放事件以上の怒りとともに軍閥や匪賊への恐怖心を覚えた。このままでは、溥儀が受け継いだ宝物を全て取られた上で殺され、首を天安門にさらされるであろう。しかし中華民国軍最高司令官の蒋介石や張学良は取り合わなかった。両将軍に失望した溥儀はその身を護るために、関東軍と共に満州国建国を決意した。

一九三一年九月奉天近郊の柳条湖付近で、南満州鉄道が爆破された。南満州鉄道とは日露戦争に勝利し、その講和条約で旅順から長春までの路線を、日本がロシアから譲渡されたものであった。満州地域の治安は悪く苦労して敷設した線路は工業用鉄製品として強奪され、加えて強盗傷害も絶えないことから、付属議定書で鉄道一キロメーターあたり約二十名の鉄道警備隊を置くことが認められた。後に哈爾濱（ハルピン）までの北満州鉄道をソ連から買い取り、満州鉄道が約千Ｋｍに延伸されると二万人の一個師団に相当する警備隊に膨れ上がり、戦車・大砲等軍装備も強化された関東軍の発足に至った。

南満州鉄道は満州の大動脈になり満州国と共に発展するが、一九二八年、張作霖座上の専用車両通過に合わせ、頭上の鉄橋を爆破させ張作霖を圧死させた。

この柳条湖事件は大事となり、満州事変と改称される。張作霖を圧死させた容疑者逮捕は鉄道警備にあたる関東軍の任務であったから、これを口実として張作霖の息子の張学良軍を一気追放に出動、がら空きになった関東軍駐屯地の警備や支援には、朝鮮軍が国境を越えて動員された。

非戦を貫きたい天皇の意をおもんばかり陸軍トップは上奏をためらい、天皇の裁可を得ていなかった。軍事費がなくては大動員した兵隊の食糧も買えないことになる。皇軍将兵を飢え死にさせて良いのかと若槻総理や幣原外相にねじ込み、まず内閣の承認を得て臨時予算を組み、それから天皇に上奏した。内閣閣議が全員一致で承認したことを天皇が覆すことは立憲君主制の根本を揺るがす故に、天皇は拒否できないと天皇を軽視した軍事行動であった。現地部隊の参謀長と司令官は、天皇と陸軍中央の事前承認を求めず、独断専行して中華民国軍と戦闘状態に入った。この満州事変を事後承認させるという軍部独走に天皇は苦慮し、陸軍出身の田中首相に事変の究明を下命したが埒が明かず、白川陸軍大臣に奉答させた。

白川は正直であった。**張作霖爆殺事件の取り調べ結果として、関東軍参謀河本大作の単独発意による**（中略）**が事件の内容が暴露されれば国家に不利なる影響を及ぼす虞があるため、この不利を惹起せぬように考慮した上で軍紀を正す**（中略）**と奉答**（注⑨）、天皇は白川陸相に大きな信頼を寄せた。陸軍は反張学良の匪賊であった張景恵・馬占山・熙洽等を連合させ、中華民国の主権が及ばなかった満州地方を、中華民国から分離独立させる動きを強めていく。当時の中華民国は各地で綻び、統一政権ではなかった。

日本陸軍の対ソ事前工作は、外蒙古建国に日本が異議を唱えなければ、ソ連も満州建国に異議を唱えないとの密約があったとされている。ソ連は外蒙古と陸続きになる満州建国に異議を唱えなかったが、国際連盟は中国の提訴を受理し、英国人リットン伯爵を団長とする調査団を送り、大日本帝国・中華民国・満州共和国の順に現地調査し、その結果を国際連盟総会に報告することとした。

リットン報告書と松岡全権の国連退場

リットン調査団が現地調査に着手する前の一九三二年三月一日、袁世凱により廃帝とされた清朝最後の皇帝溥儀と、溥儀の側近で親日の張景恵を総理に担いだ満州国の建国宣言がなされた。満州国の最初の国家体制は溥儀を執政とした共和制、後に帝政となり、元号は大同とした。リットン調査団は日本と満州に不利な報告書を作成するであろうと予想し、調査に着手する前に満州国を建国宣言させ、国家は既に成立したと主張したのである。

満州は豊富で良質な石炭や鉄などの鉱山資源に恵まれた上に、農産物は世界有数の大豆の産地であり、シベリア鉄道を用いればヨーロッパ各国に輸出できる地勢上の利点からソ連は勿論英米も関心を強めていた。

リットン調査団の最初の訪問は日本であった。日本政府は上海事変が停戦になった三月三日、即ち満州国建国宣言から二日後に皇居内千種ノ間で天皇主催の午餐会が催された。日本は対中国侵略国家ではないと、リットン調査団に示したかったのである。その調査団の顔ぶれは、英国伯爵ロバート・

リットン、イタリア伯爵ルイジ・マレスコッテイ、フランス陸軍中将アンリー・クローデル、ドイツは植民地政策に詳しい政治家ハインリッヒ・シュネー、アメリカは陸軍少将フランク・マッコイの五名である。リットン調査団は天皇招待の昼食会を固辞することはなく、日本に対して敵意のようなものはなかった。

一九三二年三月から六月までの、日本帝国・中華民国及び満州共和国の現地調査の結果、報告書(Report of the Commission of Enquiry into the Sino-Japanese Dispute)が同年十月国際連盟委員会に正式に提出された。Sino-Japanese Disputeとあるように国際連盟は満州を含めて日中間の紛争を調査し、和解案を提議しようとする前向きなものであり、一方的に日本を非難するものではなかった。

蒋介石の中華民国政府が日本の中国侵略を喧伝したいのであれば、日本は満州のみならず熱河・上海等々あちこちを侵略しようとしている、と主張できたにも関わらず、言えなかった。この時蒋介石は中国全土の支配どころか、北京地域等の一部の支配にとどまる地方政権に過ぎなかったからである。満州には張作霖の私軍を引き継いだ張学良、南京には汪兆銘政府、北京を追われ重慶に移った蒋介石政府、延安には毛沢東共産政府など幾つも政府があった。それを明確にされては、蒋介石中華民国政府は中国全体を代表しているのか疑問視される。そうなると中国を代表して国際連盟に提訴権があるのかも疑わしくなる。国際連盟調査団をして藪をつつかせたら蛇がでてきて、収集がつかなくなることを回避したのであろう。

蒋介石の希望を受け入れ、調査は満州に限定されたが、調査団も中国に四政府存在する実態を承知していた。リットン報告書には、日本の侵略という言葉は使わずＳｉｎｏ（シナ、当時の中国）とＪａｐａｎの紛争調査とした。結論的には、満州国は傀儡国家であり、その独立を認めないとの報告書になった。しかし報告書はＳｉｎｏが内乱状態にあり、満州は日露戦争後シナから放棄されていたとの客観的な分析をした。その上で、中華民国の潜在主権の下、満州に日本人高官を含む自治政府により日本の商業・居住権等の日本の権益は承認されるべきとしており、必ずしも中華民国の要求に副うものではなかった。

他方日本の商品を買わないよう不買運動がされているのは中国国民の愛国心による自発的なものではなく、中国国民党（政府）が指導したもので公平な貿易を阻害したと中華民国蒋介石政府の責任を認定しており、必ずしも日本を排撃したものではなかった。むしろ日本に、名を捨てて実を取るのが植民地経営の要諦になることを示唆していた。

この正式報告書提出に先立ち九月に報告書案が日中に内示されたが、満州国の独立は認められないとの報告書に、日本政府は国際連盟が認めないなら、対日友好国家群による承認で世界に満州国を認めさせようと準備を進める。まずは、日本政府の承認が先決になる。九月十五日、日本国と満州国の議定書が調印された旨天皇に上奏された。

日本はその後汪兆銘中華民国南京政府、ローマバチカン市国、伊・独の同盟国や枢軸国、更に中南米諸国にも満州国承認と大使館設置を求め、承認しない英米仏蘭等には、大使館に替えて領事館開設を求める外交を展開する。

一九三三年二月二十四日、リットン報告書が国際連盟臨時総会に提議され、日本の反対とタイの棄権はあったが、全会一致で満州国不承認が採択された。これに憤慨した松岡全権は、それなら脱退してやる、ジュネーブの日本代表事務所も引き揚げだと啖呵をきって堂々と退場したと、日本で報道された。

しかし事実は異なる。国際連盟脱退という重大事が松岡の一存で決めて良い訳がない。既に十日前の閣議で、リットン報告書が採択された時は、名誉ある脱退をすることを決め、松岡に通告していた。松岡はこの訓令を得て、大きな態度にでた。しかしこの態度は対国際連盟だけではない。一年前の一九三二年二月皇居内学問所で「日満関係と満蒙外交史」について天皇に進講し、**天皇から日支親善の見通しについての御下問に対しても、松岡より困難と思考する」旨の奉答を受けられる。**（注⑩）

天皇は日中親善を真剣に考えておられると拝察したら、どうすれば日支親善ができるか、その具体策を考えねばならない。例えば学校・病院等の無償援助、文化交流、経済支援等々は誰もが思いつくし、それを献策するのが臣下の取るべき道である。ところが天皇の意志に反して〝困難〟とばっさり切って捨てるとは不忠の極みであろう。天皇は、松岡は頼みにならない、と信頼しなくなったのは当然の結果ではないだろうか。

国際連盟脱退は熱河作戦が原因

しかし脱退せざるを得なかったのは、いわゆるリットン報告書によるものだけではなかった。国際連盟から名誉ある脱退をしなければならない理由があった。

満州国に隣接する熱河省で三万ともいわれる反満抗日軍の攻撃を受けた日本陸軍は、満州国駐留関東軍をして対抗戦を開始していた。リットン調査団報告書により、満州国建国は認められないという国際連盟の勧告を受ける時に、新たな軍事行動をとると好戦的ならず者国家とみなされ、国際連盟規約第十六条４の制裁条項が発動される。即ち、〝聯盟の約束に違反した聯盟国については、聯盟理事会における一致の表決を以って、聯盟より之を除名する〟

世界一流国家を自負し、連盟理事国であるが故に名誉ある自発的脱退ではなく、ならず者国家とされ、国際連盟から強制的に除名される（注⑪）という、国家の名誉を失墜させる事態になる。

直ちに熱河作戦を中止すれば不名誉な除名は避けられた。今日の北朝鮮のように何度国連から制裁されても、〝蛙の面に何とか〟で平然と国際連盟に居直ることもできた。天皇は苦悩し、「昭和天皇実録第六巻」の昭和八年二月のところで度々、熱河作戦の中止と撤兵ができないかと下問しているが、軍事作戦を起案した陸軍参謀総長と、皇居内に常駐し半ば天皇監視役の奈良侍従武官長は、「大元帥が裁可し、戦闘開始を命じ交戦中の時に、戦闘を中止し撤退することは、大元帥の裁可が間違ったことになり、天皇の絶対無謬性は地に落ち、軍の士気も無くすことになる」と硬直した軍人の考えしかなく、天皇の切なる希望を拒否した。

天皇は間違ってしまっても、「ごめん、間違えた。訂正させてくれ」とは言えない、絶対君主制の危ういところである。戦闘停止ができない以上、国際連盟から除名される前に国際連盟脱退を選ぶ他なかった。

天皇は、国際連盟脱退は天皇の意志とする詔書案を内閣から上奏され、やむなく詔書を発する。「今次満州国の新興に当り、帝国は其の独立を尊重し健全なる発達を促すを以て東亜の禍根を除き、世界の平和を保つ基と為す。然るに連盟の所見と背馳するものあり、朕乃ち政府をして、慎重審議遂に連盟を離脱するの処置を採らしむるに至れり（原文を一部現代文に修正）と公布した。何が連盟の所見と背馳するのか肝心な事を伝えない詔書になった。

この詔書を受けて内田外務大臣は、国際連盟事務総長に脱退通告の正式文書を送付した。天皇としては痛恨であり、断じて熱河作戦を拡大し、万里の長城を越え中華民国との全面戦争にならぬよう厳命した。

天皇の希望をなんら聞くことがなく、天皇に陸軍の意向を押し付けてきた奈良武官長は六十五歳の現役停年となり、天皇は一安心した。ところが、陸軍が押し込んできた後任は、本庄繁前関東軍司令官であった。本庄は天皇が望まぬ満州事変を遂行した司令官であったから、天皇には相当の不快感を覚えた人事ではないだろうか。

大元帥として軍の最高司令官である天皇に陸軍人事の拒否権はなくなっていた。侍従武官長は皇居に常駐し、天皇の意志を細かく陸軍に指示し結果を報告する役であったが、天皇が誰と会い何をしようとしているか監視し、陸軍の意向を承認させる役に変質していた。

天皇は陸軍が日本を支配しつつあることに憤りを覚えていたが、内閣の陸軍へのおもねりは顕わになっていた。岡田総理は本庄繁陸軍大将が現地司令官として満州事変を良く収め満州国成立の功績を認め、男爵の爵位を上奏するのであった。

この時代の日本と中華民国の関係を確認しておきたい。中華民国の幾つかの都市で戦闘状態にあるといえども、国家として宣戦布告はしていない。一九三一年五月には**本邦駐箚中華民国特命全権公使蒋作賓に謁見を仰せ付けられ、**（中略）**信任状並びに前任公使の解任状の捧呈を受けられる。**（注⑫）

一九三二年一月には天皇の御料車に朝鮮独立運動家から手榴弾を投げつけられ、馬車が壊された事件では**英国、伊国、蘭国**（中略）**等の皇帝、独国、仏国、墺国等の各大統領、中華民国国民政府主席より御見舞電報が寄せられ、いずれも答電を御発送になる。**（注⑬）

日中両国の外交関係は断絶していないどころか、一九三五年五月に両国は外交努力で関係改善を図るべく、公使館から大使館に格上げした。その国を大国として尊重し最重要の外交を重ねる機関が大使館であり、中小国のそれは公使館になる。国を代表し現地政府と交渉を重ねる上で本国外務大臣から訓令されるだけの公使よりも、駐箚特命全権大使は本国に対して、日中友好を進言できるのである。

裕仁天皇に、明仁皇太子誕生

一九三三年一二月二三日朝六時過ぎ、明仁親王（現平成天皇）が誕生した。冬の朝七時、東京市民が通勤通学を始める頃、市中に世継ぎの親王誕生を告げる二回のサイレンが鳴り響いた。良子皇后の出産が近づくと、政府は〝サイレン一回は内親王（女児）、二回は親王（男児）〟と東京市民に周知していた。親王誕生を待ちわびながら、四度も内親王が続いただけに、国民の喜びは天にも届くほどであった。東京市内各地で学校や団体の旗行列があり、夜には愛国婦人会が先頭に十四の団体から約二万人がこぞって奉祝提灯行列を催した。

だが、この日本帝国最高の目出度き祝日一二月二三日は、次の天皇となる皇太子に生涯忘れぬよう、ＧＨＱは東條英機以下のＡ級戦犯に死刑執行日とするのである。一説には、日本の機密情報を本国に通報し救国したスパイ、ゾルゲをソ連の革命記念日の十一月七日に日本が処刑したことの仕返しに、ＧＨＱメンバーのソ連が指定したとの説があるが、筆者は肯定しない。次章で詳しく論じたい。

コミンテルン、宮中に女スパイ

一九三四年コミンテルンは、日本がソ連にも侵攻するのか探るため、美貌の女性部員アイノ・クーシネン（Aino Kuusinen）に親日家を装い、日本訪問を命じた。任務は天皇側近に接触し、対ソ軍事方針をそれとなく聞き出し、さらに裏付けとなる詳細情報の入手を同じコミンテルンのリヒャルトゾルゲに引き継ぐことである。アイノは同じフィンランド人でコミンテルンの幹部になっていた夫のオットーから、共産党幹部専用宿舎で秘密任務を聞かされた。

「アイノ。君には私の秘書としてコミンテルンの議事録ばかり書かせてきたが、今回君にしかできない仕事を見つけたから、ぜひ引き受けて欲しい」

「私でなければできない仕事って、何かしら？」

「君は語学の天才だ。母国フィンランド語は勿論、ロシア語もドイツ語も英語もこなす。スウエーデン語も少しは分かっている」

「オットー、私にコミンテルンの語学研修所に異動しろとでも言うの？」

「残念、外れだ。君は今日からスウェーデンの女流作家エリザベート・ハンソンになる」

「わからないわ。何のために？」

「君は鎖国のような共産国家ソ連から、西側の自由の国アメリカや神秘の国日本にも行ってみたいと私に話してくれたね」

「ええ、その通りよ。だけどコミンテルンの誰かに聞かれたら、国家反逆亡命罪で処刑されるから、ベッドの中で貴方にだけ囁いたのよ」

「二人だけのピロートークだったね。それで良いんだ。私はアイノに一度行かせてやりたいと以前から考えていたが、実現するんだ」

「本当に？　どうやって？」

「任務は、日本がソ連に戦争を仕掛けるかどうかの秘密調査だ。コミンテルンはこれまで日本に共産革命を起こす考えでいたが、日本人の天皇崇拝は宗教以上に強固だ。天皇を追放する革命を起こすにはかなりの時間がかかる。それよりも差し迫った脅威がでてきた。日本とドイツが軍事同盟を結び、ソ連を挟み撃ちにする戦略があるというのだ。ソ連を攻撃する作戦計画が進んでいるなら、ソ連は直ちに防衛策を準備しなくてはならない」

「日本の満州にソ連赤軍を送るためには、モスクワやレーニングラード軍を回さなくてはならなくなるわね。でもそのあとで、ヒットラーが攻めてきたらソ連の首都は占領されてしまうかもしれない」

「その通りだよ、アイノ。君の緊急かつ重大任務は、日本の国策をスパイすることだ」

「それなら、日本共産党に調べさせたら良くわかるんじゃない？」アイノは冷静だった。

「日本共産党には共産革命の大義を教えてやったが、その党員たちはほとんど検挙されてしまった。捕まったら最後だ。共産党員とその支援者のネットワークを自白するまで拷問され、獄中で死ぬ者も少なくないんだ。日本共産党を再起させるために、僅かに残って息を潜めて隠れている同志に何もさせず温存しなくてはならない。危険なスパイ活動はさせられないとコミンテルン本部は決めたんだ」

「それで、本部から直々に調べに行くわけね」

「その通りだ。だけど日本はソ連を敵国と見ているから、本名のアイノ・クーシネンではソ連が派遣した危険人物と疑い、絶対に入国させない。そこで親日のスウェーデン人作家になりすまし、まずアメリカで簡単な講演をする。それから駐米日本人記者や日系人を招き、親日の講演をする。それが日本の新聞に掲載されたら、いよいよ本番だ。日本に行く。アメリカでの君の活動はコミンテルンアメリカ共産党が陰から全面支援するから、何の心配もいらない」

「おもしろそうね。ニューヨークと東京はぜひ一度行きたいと思っていたわ。何かわくわくしてきた」

「そうだろう。君には一度でなく、二回日本に行ってもらう。最初は東京の地理と暮らしぶりを知る調査だ。地理がわからずあちこちうろついたら、いやでも注目されてスパイ容疑で逮捕されかねない。

地理と暮らしぶりがわかったら、次は日本の良いことばかりをメモするんだ」

「メモには日本の悪いことは書かなくてよいの？」

〝おだてれば豚も木に登る〟という諺が日本にあるそうだ。冷静な欧米人と異なり、すぐ調子にのりおだてに弱いのは日本人の特性と分析している。日本をプロパガンダするのだから良いことばかりメモして欲しい。今の日本は世界的に孤立している。中立国のスウェーデンから親日の作家が訪問して、日本を褒め称えたら、日本の大歓迎は間違いない。褒めてくれる人は、警戒心がなくなり全く無防備になるからね」

「だけど日本語なんてさっぱりわからないけど……」

「コミンテルンの日本課長に聞いたが、書くのは確かに難しい。でも、会話は聞き取りやすい、と言っている。日本語の始まりのあいうえお、は全て母音だから外国人にもすぐに聞き取れる。次のかきくけこ以下は全て子音＋母音だ。欧米語は子音＋子音＋母音の子音結合語だから、単語のスペリングがわかっていないと正しく聞き取れない。だけど日本語はすごく聞きやすいんだ。語学の天才の君なら、すぐわかるようになるさ。そうなれば、日本の大学の聴講生になっても良い」

「オットーにそう言われたら、私も〝木に登ってしまいそう〟だわ。だけど親日的なスウェーデン語の本はどうするの？　私もスウェーデン語は少し勉強したけど、本まで書けない」

「それは君のメモを基にしてコミンテルンが制作するから心配しないで。タイトルは、『微笑みの国日本』（〝Det Leende Nippon〟）で進める。これなら奥ゆかしくて日本の上流階級も喜ぶだろう。君の東京での現地生活メモをもとに、二年ほど先の二回目の日本訪問までに本を完成させる。それを日本への船旅の間に内容を暗記してほしい。本物と全く同じスウェーデンのパスポートは用意してあるよ」

「日本のスウェーデン公使館に私の素性はばれないかしら？」

「スウェーデン公使館は規模が小さく情報収集能力は無いに等しい。万一気がついて、スウェーデン外務省経由でソ連に問い合わせてきたら、ソ連は不問にするよう強請するよ。今のスウェーデンは中立国だが、実際はソ連と敵対したくはない。スウェーデンにばれないうちに短期間でソ連に帰国させるよ」

「スリルがあって面白いかも知れない。私の二回目の訪日の任務は、講演をするだけ？」

「いや、美貌の女流作家は、天皇に近い男爵と天皇の弟たちと歓談できるようになって欲しい。皇弟たちは北欧美人と日頃話したくても話せない英語を話して優越感をくすぐって、日本の向かう方向をさりげなくしゃべらせるんだ」

「話すだけで良いのね？」

「そこは大人になって考えて欲しい。特に本名はまだ言えないが、スパイコードネーム中野男爵という日本の貴族に天皇に接近できる仲介役になってもらう。彼には多少色仕掛けが必要になるかも知れない」

瞬間、アイノの顔色は青ざめた。女性諜報員は対象の男を口説き落とし機密情報を入手するテクニックを、男性諜報員はそのハニートラップに負けない強靭な自制心を叩き込まれる訓練があることを知っていた。

「オットー。ここは共産国家だから、貴方は私を私有財産にできない、私は貴方と中野との共有財産になれとでも言うの！」

アイノの強烈な皮肉を聞いたオットーは、優しくなだめた。

「アイノ、冷静になってくれ。初めから肉体関係ありきじゃないんだ。そこまでしなくても中野は、ブロンドの北欧美女が〝敬愛する天皇のご尊顔を拝し、スウエーデンの国民たちに、そのご様子を報告したいわ〟と頼めば喜んでやってくれるさ。天皇のお茶会に招待されたら、君は一気に日本のトップレディだ。皇弟たちも警戒心をなくし、高度の機密情報でもさわりくらいは話してくれる」

緊張していたアイノは一息つきたかった。

「それで任務は終わりね」

「もう一つだけ。その機密情報をコミンテルンから送り込んでいる、リヒャルトゾルゲに話してほしい。彼は日本の同盟国ドイツの新聞記者でナチス党員でもあるから、日本の治安当局も警戒していない。ゾルゲがドイツ大使館の陸軍武官やドイツ帰りの日本陸軍高官達や首相のブレーンから、君の情報の裏づけや詳細情報をとることになる。ゾルゲを覚えているかい？」

「覚えているわ。彼の姿は二年くらい前にコミンテルンドイツ課で見ている」

「そのゾルゲとの接触は日本人に目立たないように外国人ばかりの場所で一分以内のさりげない挨拶ですませてくれ。じっくり話すのは危険だ。日本の秘密警察を甘く見てはいけない。どこかで密かに監視されていると思わなくてはいけない。勿論、ソ連大使館員や日本共産党員とは絶対に会ってはいけない。危険なことはゾルゲとその手下にやらせることにしてある」

アイノは、日本旅行や日本の大学聴講生とスパイ活動に大きな躍動感を覚えた。

諜報に関わる人間は、一度でも見た人や光景は決して忘れないよう、日ごろから訓練している。それも目と目を合わせてしまうと相手を警戒させるから、視野の片隅に入った顔を覚える技術を身に着けさせられる。アイノは自伝でも〝中野男爵〟とあえてコードネームにして、本名は誰なのか隠している。日本の華族の序列は、公爵、侯爵、伯爵、子爵、男爵である。華族末席の男爵は明治維新政府樹立に大活躍した下級武士に始まり、その後日清戦争・日露戦争で大戦功があった将官に与えられた所謂武人爵位であり、天皇にはほど遠く、呼ばれもしないのに拝謁を願い出る地位ではない。天皇茶会の各テーブル順と席順も厳しく決められ、独伊以外の外国人は警戒される中、それを潜り抜けるには相当の推薦者が必要であった。

アイノは、何度も会っている秩父宮から何を聞いたのか、全く書いていない。治安維持法により、国家機密漏えいの協力者は死刑である。華族や高級軍人なら特別扱いされ、無かったことにされるとしてもそのままでは済まされない。少なくも閑職に左遷され、社会的地位を奪われ隠居生活になることをアイノは聞かされていた。

コミンテルンが期待したように〝中野男爵〟とアイノは親密になり、最上流階級の社交場に招待され、裕仁天皇が催した皇居での園遊会に招かれた（注⑭）と書いているが、何の園遊会であったか天皇と会えたにも関わらず何故か明らかにしていない。長距離飛行士のために**天皇裕仁が催した歓迎会の席にも連なる栄誉を賜った**（注⑭）とある。長距離飛行とは、陸軍が長距離飛行機の実証試験をするにあたり、英米から飛行場利用と燃料補給を拒否されないよう、新聞社の名前を借りて世界一周飛行した事実はあるがその園遊会は、天皇実録には明記されていない。

しかし親日小説家の信用が得られたアイノは、皇弟で陸軍参謀を務める秩父宮や海軍参謀の高松宮にも接触していた。殊に秩父宮の私邸には度々訪問し、家族や使用人達に話の内容がわからぬよう英語で歓談していた。アイノのことは、天皇の日々の公務や皇族との行事を日々記

復権した晩年の
Aino Kuusinen （Wikipedia より）

した、宮内庁編纂の天皇公式記録「天皇実録」には一言も書かれていない。アイノが活躍した年度の一九三二年から三五年までは第六巻で八六二ページ、続く三六年から三九年は第七巻九〇八ページに及ぶ膨大なものであるが、ところどころ、何も書かれていない日がある。天皇への上奏、各種式典や外交官・軍人・高級官僚・閣僚・県知事等々のご機嫌伺いに日々忙殺されていて、天皇の休みは日曜と病気静養日だけと言ってよいが、記載がない日に何があったのか、その日は非公開にしたい不都合な真実もあったのかも知れない。

アイノに話は戻る。天皇園遊会に招待され、皇弟たちの私邸訪問まで許されるほど仲を取り持った、天皇に近い中野男爵とは誰であったのか。筆者は、総理を勤めた某公爵ではなかったかと推測している。その理由は、公爵が天皇に最も近い五摂家筆頭で天皇に直言でき、高松宮や秩父宮とも相互に信頼する仲間であり、園遊会参加者を推薦できる立場にあった。その公爵は、日本がドイツと連携しソ連を攻撃し更にシベリアにも出兵、樺太にある北方油田を獲るか、又は日本単独で南進し、インドネシア油田やボーキサイト鉱石等戦略物資を獲りに行くかどちらに進むか決める立場の一人であった。公爵の情報源は自由（社会）主義グループにもあり、そこから重要情報提供の見返りに美貌のスウェーデン人作家を宮中園遊会に招待することを頼まれ、天皇に内奏し、天皇から承諾を得たのであろう。戦争末期には何度も（ソ連による）共産革命の手口や陸軍に潜む共産主義者の脅威を天皇に奏上するが、共産主義者に関わる情報源がなければできない奏上であった。

アイノからひきついだゾルゲは、高度の機密軍事情報のさわりを得て、表向きナチス党員でもあったことから駐日ドイツ大使オットーとは懇意になり、ドイツ陸軍武官からも日本陸軍の情報をさらに詳細に入手し裏付けをとり、コミンテルンに送信していた。

最初は相手から大いに好かれること、次に口説き落として情報や金品を渡し秘密の関係をつくり、協力者に仕立てていくのがスパイの常道である。ゾルゲは本国にいる本妻とは別に、カフェー店員だった石井花子を日本人妻にして、さらにアメリカ共産党員で作家のアグネスとも誼を通じ、深い関係をつくり秘密を共有し、裏切れなくしてドイツ大使夫人等多くの協力者を作り上げていた。

日本の開戦が二ヶ月後に迫る中、ゾルゲとその協力者尾崎、宮城等の日ソの共産党員が一網打尽にされたことが、司法大臣から天皇に奏上された。天皇は国を超えた各国共産党の強いつながりと、美貌の女スパイが某男爵と懇意になり、その紹介で天皇主催の茶会に始まり、皇弟達の邸宅にも招かれ、国家の最高情報をかすめ取っていくコミンテルンに強い嫌悪と危機感を強めた。司法省も内務省も天皇や皇高弟たちと接触していたアイノのことは隠したが、ゾルゲ事件を新聞報道させ共産国家の脅威を宣伝した。

アイノはソ連に帰国した一九三八年から音信が絶えた。任務を大成功させてコミンテルンに戻ったアイノに待っていたのは、歓待や賞賛ではなく、内務人民委員部（捜査令状なしに逮捕、拷問、強制収容所送りや処刑もできる秘密警察。略称ＮＫＶＤ）による、厳しい尋問だった。

難しい任務を大成功できたのは、日本の諜報機関がアイノを日本の逆スパイに育てるための土産ではないのか、と共産国家特有の猜疑心をつのらせたのであった。

スターリン直属で誰でも逮捕できる恐怖のＮＫＶＤはアイノに拷問に近い審問を何度も繰り返した。

「オットーも実は逆スパイだろう、自白しろ。自白したらお前だけは助けてやる」とアイノに迫った。ＮＫＶＤにありもしない事を密告する者は模範的人民で、密告しない者はソ連に反逆する反革命分子として、アイノにも自白させようと迫っていた。アイノは楽になろうとＮＫＶＤの作成した調書にサインすれば、アイノも夫も反革命分子として処刑されることを知っていた。崩れそうになる心を鬼にして耐え抜き、ついに自白しなかった。

二重スパイの容疑者を庇えば庇った者も共犯者にされる。これまで粛清されてきた何万人ものコミンテルン・ソ連共産党幹部を見てきたオットーは、自分と出世を争う者からＮＫＶＤへの密告だと容易に想像したが、苦境にあるアイノを助けられなかった。アイノはスターリンが独裁権力を失うまで十年以上にわたり、女性の尊厳を奪うソ連女子強制収容所暮らしを転々とさせられていた。

一九五三年独裁者スターリンの死去により、党第一書記に昇格し首相になったフルショフはスターリンの悪事を暴き、否定していくことで自らの権力の正統性を国内に宣伝してゆく。スターリンにより、反革命分子やスパイとされた共産党員の見直しが始まった。

一九六四年になると突然ソ連は、ゾルゲに〝ソ連英雄〟の称号を与え、復権させた。以後ゾルゲの命日にはソ連（現在はロシア）大使館員が今も多磨霊園にある墓に墓参している。

アイノも英雄ゾルゲを支援した一人として復権できたが、夫とは信頼関係を無くし、一九六五年、一人郷里のヘルシンキに戻った。

故郷には日本と同じ松はあるが、桜はなかった。「微笑の国日本」の立正大学で仏教哲学を学んだつかの間の学究生活と、学園の庭に満開に咲いた桜を懐かしく思い出し、一九七〇年波乱の生涯を静かに終えた。アイノは夫婦を相互監視させ密告させる、共産国家ソ連における権力闘争の犠牲者の一人であった。

二・二六事件と社会主義者

遡って一九三五年頃、貧窮する農民や都市労働者を救済することに政府は機能しなかった。天皇大権のもと、軍の主導権を強化し、国家改造を目論む安藤輝三・磯部浅一・栗原安秀等々憂国の将校達は、社会主義者北一輝と会合を重ねていた。

「北先生、資本家どもは私利私欲に走り、農民や都市労働者の困窮は目に余るのです。今日集まった軍人達は国家改造の為、皆一命を捧げる覚悟も作戦もできております。残る課題は、先生の「日本改造法案大綱」に深く感銘を受けましたが、率直に申して社会主義的な匂いも感じました。先生は、本当のところ社会主義者なのですか？」

軍人らしい単刀直入な質問であった。

北は手を振って、にこやかに答えた。

「いやはや、安藤さんの深読みは鋭すぎますな。共産国家を造り上げるための社会主義は断じて許されざる思想です。しかし、私利私欲に走り蓄財ばかりする資本家どもの会社を国営化して、その蓄財を国家に献納させるのは、弱い国を強国にする優れた政策ですよ。ナチスはドイツを強力な国家に改造したではありませんか。ナチスの意味をご存じですか？」

「いえ、浅学にてそこまでは分かりません」

「ナチスとは、ドイツ語のNational Sozialistische Deutsche Arbeiterparteiの略称です。日本語に直訳すると、国家社会主義ドイツ労働者党です。ヒットラーが国家社会主義を標ぼうするからと、ヒットラーは共産主義者だと思う者はいないでしょう？」

「社会主義者どもは共産国家をめざす大日本帝国の敵と信じておりましたので、つまらぬ心配をしました。それでは先生の国家改造手段をお教え下さい」

「はい。本題に入りましょう。安藤さんたちの蹶起が成就した時、直ちに陛下から以下の勅令を頂く」

一、憲法を三年間停止し、衆議院と貴族院を解散する。これは三井・三菱等既存の財閥に加え中島飛行機等新興の大会社系議員や陛下を取り囲む貴族院議員らに寝言を言わさないようにするためです。

二、国家改造として、財閥のみ利益がある資本主義経済を排し、国家統制経済にする。

三、財閥や会社及び高給社員の給与を自由に決めさせず、平均額に抑える。

四、農産物・水産物の価格や工員や建設作業者等労働者賃金も統制する。これで物価は低くなり、農民も都市労働者も食糧や生活必需品を安く買える恩恵にあずかる。まだまだありますが、これらは現状の資本主義経済を根本から覆すことになりますから、この方針に反対する者達の無期限拘束やそれ以上の止むを得ざる処置も必要です」

「良く理解できました。我々の蹶起が成功した暁には、先生には我々の指導者としてしかるべき役職を用意させていただきます」

「ご配慮、有りがたく存じますよ」北は、クーデター政権の指導者職を狙っていた。

北一輝から具体的に軍政による国家改造施策を教授された安藤一派は、陸軍上層部の支援を取り付けるため、同志の磯部を皇統派の重鎮の真崎甚三郎陸軍大将宅に送り、最後の密談をしていた。

一九三六年二月二六日払暁、帝都東京に青年将校たちが千数百名もの兵士を率い、クーデターを決行した。

首相官邸襲撃　岡田首相即死（実は義弟の松尾大佐を首相と間違え、殺害）
齋藤内大臣私邸襲撃　齋藤内相即死
渡辺陸軍教育総監私邸襲撃　教育総監即死
牧野伯爵宿泊先の旅館襲撃　牧野伯爵は逃亡
鈴木侍従長私邸襲撃　侍従長は妻に救命され、後の終戦に尽力
高橋大蔵大臣私邸襲撃　大蔵大臣即死
財閥の私邸及び朝日新聞社襲撃、陸相官邸と警視庁を占拠

「天皇実録」より、天皇の当日の行動を読むと、同日五時四十五分に天皇の側近である、侍従長や内相が陸軍部隊の一部に襲撃され即死又は重傷を負ったとの急報を受けた。当直侍従は事態の重大性を察し、天皇に御起床を願うと共に、その部隊がどこまで国家の中枢を占拠したのか、更に情報収集を始めた。

六時二十分、軍装に身を固めた天皇は事件の概報を聞くや本庄陸軍侍従武官長を呼びだした。

七時十分に駆け付けた侍従武官長は、

「陛下、御休みのところ、朝早くからお騒がせいたしまして、誠に申し訳ございません。一部将校が陛下の兵を勝手に動かし、重臣の方々に危害を及ぼしたことは、誠に恐懼に耐えません」これに対し、

事件の早期終息を以て禍を転じて福となすべき旨の御言葉を述べられる。（注⑮）

天皇が命じた〝禍を転じて福となせ〟は意味深長である。これは以前にも五・一五事件による犬養首相暗殺等軍部のクーデターが発生していた。軍は殺戮武器を有する武装集団だけに、軍内部にくすぶる不満分子は危険な存在になり、その摘発と一掃を天皇は命じたと筆者は愚考する。天皇の言葉に乗じて、事件を制圧すると陸軍統制派は事件の黒幕とされた皇統派を予備役に編入、又は軍中央から遠方部隊に追い出しの口実に使った。権力者たちは、常に事件を利用し自らの権力拡大を考えるのである。

国家体制を覆すクーデターは絶対認めない、断固鎮圧せよとの天皇の意志とは裏腹に軍のトップは、陸軍大臣官邸を占拠した蹶起部隊か、軍中枢を占拠されたが全軍を指揮する陸軍中央か、どちらが勝つか様子見した。勝ち馬に乗れば一気に軍部のトップになれるのである。憲兵隊の一部も鎮圧に乗り出す前に、どちらが勝つか見極

陸軍蹶起部隊鎮圧に芝浦埠頭に上陸した海軍陸戦隊
（Wikipediaより）

めようとした。しかし海軍は、蹶起部隊は反乱軍なりとして味方させない、内部統制ができていた。

同日一四時戦艦比叡を旗艦とする第一艦隊を東京湾に、別動蹶起部隊が大阪方面に出現するかも知れない事態に備え、第二艦隊を大阪湾に配備した。特に第一艦隊には、海軍陸戦隊（アメリカの海兵隊に相当）一個大隊を乗艦させ、芝浦埠頭に上陸させた。万一皇居や海軍省が占拠されても力で排除させようとしたのである。

同日一五時半陸軍大臣は告示という形でクーデター蹶起部隊に温情ある見解を示した。

一、蹶起の趣旨については天聴に達せられあり

二、諸子の行動は国体顕現の至情に基づくものと認める

三、（略）

四、各軍事参議官も一致して右の趣旨により邁進することを申し合わせたり

五、これ以外は一に大御心に俟つ

これでは、陸軍大臣も各軍事参議官もクーデターを是認したかのようである。クーデター将校は喜んだ。是認しないなら、天聴には達せられず、蹶起を許さず原隊復帰を命ずるからである。しかし、

最終的には〝大御心に俟つ〟即ち、天皇のご判断によると蹶起者から離反する逃げ道も用意していた。

この、大臣告示を蹶起将校に届けたのは皇統派で蹶起将校に味方していた山下奉文少将であった。蹶起将校は〝陸軍は我々の蹶起を認めてくれたのか〟と確認を何回も求めたが山下は老獪であった。山下は三度も、

「告示をもう一度読むから、良く聞け」の一点張りでついに言質を与えなかった。大臣告示を蹶起将校に届け、蹶起を否定せず三度も読み上げたことを聞かされた天皇は、山下も反乱分子支持者かと不快となり、以後山下を遠ざけることになる。

天皇は、何故鎮圧できないのか、陸軍が動かぬなら、朕自ら兵を率い暴徒を鎮圧すると強い意志を示した。海軍は天皇の迷いのない判断を尊重し、東京湾に展開させた艦隊の主砲を蹶起部隊が集結していた陸相官邸前広場に照準を合わせていた。陸軍はついに蹶起部隊を鎮圧せざるを得なくなった。

陸相官邸を占拠した青年将校達の電話は憲兵隊により盗聴されており、誰がどこに何の会話をしたか記録されていた。憲兵隊は皇統派トップの真崎軍事参議官を事件の主犯格と見て、取り調べた。憲兵隊は青年将校だけ罪をかぶせ自決させ、死人に口なしと陸軍上層部には累が及ばないような幕引きをさせては、陸軍の正義など無きに等しい。

軍とは命令により、兵士に躊躇いなく〝敵〟を殲滅させる組織であり、その組織を維持するために鉄の規律がある。敵前逃亡は死刑であるし、命令に従わない抗命罪も重罪である。いかなる理由があ

ろうと、結果責任をとらせる。その組織を守る憲兵隊には、この事件を起こした兵士たちの運命がわかっていた。どこに転属されても、二二六事件に参加し〇〇殺害というような身上書が付いて回り、昇進も遅れる。この不名誉を晴らし、戦地で手柄をたてる機会を与えると激戦の最前線に送り、名誉の戦死を期待する。その兵士たちを哀れんだ憲兵隊員は、青年将校を煽動し、金を与え、命令に反抗できない兵士に殺害を決行させた黒幕は絶対に許せなかった。

憲兵隊は臆することなく軍トップの一人である真崎大将宅にて、カゼを装い寝込んでいる大将に遠慮のない尋問をした。

「真崎閣下。閣下は相当の証拠により重大事件の被疑者でありますから、閣下という尊称では呼ばない。蹶起将兵も反乱軍と呼びます。貴方は事件当日の朝四時半には反乱軍リーダーから要人殺害と陸相官邸・警視庁占拠に成功した旨報告を受けている。それからすぐに来客があり、あちこちに電話をして陸相官邸に入ったのは八時半。この間に誰と会って、何を話したのですか。又、雪が積もっている冬の早朝から、誰にどのような急ぎの電話をしていたのですか？」

「誰にも会っていないし、電話もしていない。その朝は寒さが厳しく、体調不良で動けなかったから、やっと官邸に入ったのが八時半になった。一体誰がそんなウソを言ったのだ」

「お宅の女中さんが憲兵隊の取り調べに、〝こんな冬の朝早くに何の大事な電話なのかしら〟と思ったと供述しています」（注⑯）

「知らん、知らん！　女中は気が小さいから、鬼より怖いと聞かされている憲兵隊に連れて行かれ、お前たちに散々責められて、気が動顚し、ありもしないことを口走って早く帰らせてもらおうと思ったのだろう」

「貴方は反乱軍将兵がバリケードを作り厳重に封鎖している陸相官邸に招じ入れられ、蹶起首謀者と何かを話し、そこを出る時に、貴方を見た反乱軍幹部の磯部が貴方に報告しよう走ってきたのを見るや、磯部に何も言わせず、〝お前たちの精神はよくわかる。オレはこれからその善後処置をする〟と言いましたね」（注⑯）

「磯部がそう言ったなら、磯部を誤解させてしまったかも知れない。余の本心は、彼らを支援するということではない。事態をこれ以上悪化させず、うまく収拾したいという意味で言ったのだ」

「事件の約一か月前、貴方の自宅を訪問した磯部に相当な現金を渡しましたね。何のための金ですか？」

「それは……、磯部の生活費だ。磯部は余が士官学校校長時代の教え子だ。教え子が金に困って恩師を頼ってきたのだ。陸軍大将たるものがケチな金額は渡せないではないか。教え子に金を貸してやって、何が悪い」

「金を貸したと言われましたね。そうであれば、借用書はありますか？」

「余は金貸しではない。借用書など取らぬよ」

「生活費にしては巨額ですね。早朝訓練を理由に出動するに際し、所属部隊の歩哨や週番司令から不審に思われないよう、兵士の携行食料は一日分しか持たせられなかった。千六百もの兵士の食料を購入する資金だったのではないのですか！」

「磯部からそんなことは聞かなかったぞ」

「仮に磯部が言わなくても容易に察しがついたのではないですか。事件の日に戻ります。貴方は磯部を激励し、そそくさと陸相官邸を去ると、急いで宮中に入った。そこで誰と誰に会いましたか？」

「それはもう調べてあるのだろう。本庄侍従武官長と川島陸相だ」

「陸軍トップの本庄・川島両大将は事件の状況把握と処置で大変な時に時間を割いてまで、何故貴方と会ったのですか」

「それは余も軍事参議官であることを忘れてもらっては困るぞ」

「貴方が皇統派のトップで叛乱将校を裏で操つり、貴方に味方しない陸軍トップを殺させ、貴方が取って代わる気になっているのではないのかと、本庄・川島両大将は貴方の正体を確かめたかったのではないのですか！」

「それはゲスの勘繰りというものだ。本庄・川島がそう言ったのか！」

「貴方は両大将に、蹶起者を怒らせず、事態をうまく収めるためには、陸下を説得して詔勅を頂き、昭和維新を断行するのが良いと迫ったのではありませんか」（注⑯）

「嘘だ、真っ赤な嘘だ！　この老人にどこまで罪をなすりつければ気が済むのか！」

「貴方は、海軍横須賀鎮守府の井上司令長官が、〝決起将校は反乱軍として断固鎮圧せん〟と、東京湾に艦隊を並べ、蹶起将兵がたむろする広場に砲口を向けたことを聞き、あわてて海軍で仲の良い加藤寛治大将に電話しましたね。何を話したのですか？」

「それは、海軍が早まって陸軍を同士討ちしないよう、加藤大将に頼んだのだ」

「貴方は、加藤大将を祭り上げ、陸海合同で強力な軍事政権の首班になろうと考えていたのではないのですか？」

「それは、お前たちの妄想だ。加藤大将がそう言ったのか」

憲兵隊の追及にしらを切り続け、真崎の自供は得られなかったが、主席検察官の匂坂法務官は、この調書をもとに真崎大将を起訴に持ち込んだ。真崎は軍事法廷でも終始知らぬ存ぜぬを貫き通した結果、証拠不十分で無罪となった。

軍事法廷を指揮する裁判長以下を選任し、監督するのは陸軍大臣である。裁判長がもし事件の主犯を陸軍の最高位にいる真崎大将にしてしまうと、陸相にも監督責任は及ぶし、陸軍の権威にも関わる。しかし責任を青年将校だけにすれば、その監督責任は青年将校達の上司である連隊長どまりである。陸軍トップは真崎大将を無罪にする他なかった。

しかし天皇に真崎への疑惑がある以上、真崎大将をお咎めなしにはできない。真崎は予備役に編入させられ、陸軍トップとしての地位を失った。真崎に代わって、青年将校達を煽動した罪で告訴されたのは北一輝であった。始めから死人に口なしの死刑にしたい軍事法廷であった故に、裁判は非公開で弁護士も附けられず、上訴も許されず、北は十六名の青年将校達と共に処刑された。

処刑された中で栗原安秀中尉は、部隊下士官兵に教育する任務があり、天皇のもと国家社会主義が必要と訓示しており、交際が広くソ連大使館関係者と会っていたとの噂があると、天皇に密かに内奏された。

直感力に優れた天皇は、蹶起部隊が目指した、財閥の否定・高額所得者の給与の大幅制限・衣食住他生活必需品等の物価統制令等により、資本主義経済から社会主義経済への転換という強引な新国家体制つくりに、誰も反対できない天皇の名前が使われるとは、スターリンが築いた国家に良く似てくるのではないか。陸軍にも共産主義に同調する者がいることに天皇は驚かされ、共産主義への警戒心を一層強固にした。

二・二六事件のテロには背後に社会主義革命を目指す者達がいたことは国家安寧の観点から隠されたが、陸軍に反対するものは殺害されるという陸軍への恐怖心だけは政府や天皇にしっかりと植え付け、陸軍の行動に反対させなくしてしまった。

陸軍省、新聞記者を接待し取込む

陸軍は軍事国家体制つくりを更に進めていくが、邪魔になるのは軍批判をする新聞と理性的な学者である。新聞対策は、陸軍省記者クラブに詰めていた新聞記者達への接待から始まった。懇親会名目で陸軍省新聞班員と記者達は温泉旅行に出かけたが、東條次官は次官の月給相当額を寸志とした。現在に換算すれば約百万円相当になる。これだけの金の出所は、東條一個人のポケットマネーや次官に決裁できる接待費ではなく、陸軍機密費であったろう。これ以後日本の新聞報道はアメリカの新聞に見られるような軍組織や軍事行動の正統性を、知る権利に基づきチェックする使命を放棄した。

アメリカの新聞は、太平洋戦争は日本の卑怯なだまし討ちに対するアメリカの正義の戦いとして、米軍への批判はなかったが、その後の外地での戦いは別である。ベトナム戦争では米軍ソンミ村虐殺事件や、ナパーム弾（油脂焼夷弾）により、背中一面大やけどした九歳の女児がいた。ナパーム弾は水をかけても火を消せない。全身やけどにならないよう服を脱ぎ、裸で泣きながら逃げてきた女児の写真は、兵士でない子供まで殺すのかと、報道記事最高賞のピューリッツァー賞を受賞した。これらはアメリカ人に米軍の戦争が本当に正しいのか、息子達はなぜベトナムで死傷者になったのか米国民によく考えさせる反戦運動を起こさせ、米軍のベトナムからの撤退につながったのである。

日本の新聞は陸軍発表を脚色し、中国戦線で皇軍は連戦連勝、地方新聞であれば〝我が〇〇郷土部隊は大活躍〟と、国民を煽動し好戦的な風潮に変えてゆき、中華民国との聖戦に反対する者は非国民にさせていた。

新聞の発行部数が戦前の何倍にも急増し、新聞社主を大いに儲けさせた。戦争すると儲かるのは軍事産業だけではなかった。陸軍省報道部が新聞記者を接待すれば、そのお返しに各新聞社が持ち回りで陸軍報道部員を芸者つきで接待する。軍と新聞社の癒着が年ごとに深まってゆく。

軍の新聞記者取り込みには飴の他、鞭も使った。一九三九年になると新聞記者を軍属として徴用する。軍属は軍の命令に従うことを誓約させられる。聖戦として勇ましく美化することしか書けなくなった。

陸軍による戦争指導体制の仕上げは議員に向かった。軍部に迎合する議員を大政翼賛会推薦議員として陸軍機密資金から選挙資金を与えた。斎藤隆夫や中野正剛など反軍演説をする議員は排除、弾圧された。

反戦歌人与謝野晶子も讃戦歌人に

文壇からも戦争を礼賛する作家が相次いだ。当時女流歌人界随一の与謝野晶子は日露戦争の時には、〝ああ弟よ、君を泣く、君死にたまふことなかれ、末に生れし君なれば親のなさけはまさりしも、親は刃（やいば）をにぎらせて人を殺せと教えしや、人を殺して死ねよとて二十四まで育てしや〟

その詩の極め付けは〝すめらみことは戦いに　おおみずからは出でまさね（天皇は戦争に自ら出かけない）〟と天皇批判とも取れる言葉があった。これを聞いた右翼は怒り、この不忠者に天罰を下せと刺殺されかねない状況になった。

与謝野は〝おなごは血を流すのは嫌なものでございます〟とその場を繕って右翼からのテロから身を守った。しかしそこに目を付けたのではないとしても、日本共産党は発足間もない共産国家ソ連に大飢饉が発生するや、「ロシア飢饉救済有志婦人会」が結成され与謝野も参加し、多額の救援金をソ連に送った。（注⑰）それが、太平洋戦争になると多くの作家は反戦から戦争礼賛に真逆に転向し、文学愛好者を始め多くの国民の士気を鼓舞した。与謝野は、

「水軍の　大尉となりて　わが四郎　み軍にゆく　たけく戦へ」と時勢に迎合した戦争賛美の歌しか

詠まなくなった。かくして文壇も戦争気運を盛り上げていった。

司法大臣、赤化教授・司法官を追放

その頃治安維持当局は、社会主義研究会や民主的判決をする裁判官弾圧に乗り出し、東京地裁・長崎地裁・山形地裁・札幌地裁の各判事を共産主義活動に関与したとして逮捕し、免職処分にした。少なからざる裁判官が赤化していたとして、法務大臣は形ばかりの辞表を提出するが、所詮猿芝居のようなものと見ぬいていた天皇は、大臣の辞表を受け取らず、総理大臣に善処せよと下げ渡した。かくして民主派裁判官を一掃すると、当局は学界の弾圧に乗り出した。

京都帝国大学教授が「刑法読本」に、姦通罪は妻が姦通すると罰せられるが、夫が姦通しても罰せられない。又、子が親を殺す尊属殺人罪は死刑に処せられるが、親が子を殺しても一般殺人罪で必ずしも死刑にならないのは、民主主義の根本にある公平性に欠く法律ではないかと書いた。

この滝川の意見は〝(マルクス）唯物史観によるもので、男女・親子の反目を是認肯定する破壊的学説であり、我が国の善良な社会意識及び道徳を否定し絶対に許されない〟とされ赤化教授の汚名を着せ、学内から追放した。もとより、滝川教授は公正且つ進歩的教授であり、共産思想には一切関わりはなかったが、いささかも国家への批判は許さなかった。

国家批判とは、天皇は大日本帝国の父であり、その日本を支える全ての家庭は、父を一家の天皇となる家父長になぞらえ、ピラミッド体制を強固なものに築いてきた。その家父長を弑する子供は到底許されるものではなく、死刑しかありえない。この国家体制に異を唱える者は共産主義者の一味であるとして追放、処罰されていく時代になっていた。

ここで、専制君主による国家体制を考える上で絶対神の関わりを考えれば分かりやすいので、キリスト教と共産主義について論じたい。キリスト教（カトリック）は専制君主制を認め、その君主を任命し、君主に従えと民衆に諭し、君主はカトリック教会に献金し保護し共栄してきた歴史がある。

共産主義は君主専制を認めず、ニコライ皇帝一家を銃殺したばかりか、マルクスは〝宗教は民衆のアヘン〟とした。何故なら、民衆に矛盾の塊のキリスト教を信じさせ、専制君主の圧政に抵抗する気力を失わせた。処女懐胎から始まり、死者の復活や赤ワインはキリストの聖なる血である。キリスト教を信ずる者だけに救世主が現れ、楽園に導かれる。その日までひたすら信仰するのが良い、それ以外の政治などに関心を持ってはいけない、と。

〝救世主イエスキリスト様はいつ助けに現れるの〟などと疑いを持たせないように子供の頃から教会に通わせ洗脳してきた。マルクスはこれが民衆を堕落させるものとしたから、キリスト教と共産主義は相互に不倶戴天の敵になった。

ソ連邦内のキリスト教はカトリックではなく、ロシア正教会である。宗教はアヘンと謗られながらも共産党にすり寄り、連邦内の反共産党分子などの情報を提供してきたと言われている。支配体制の一翼を担い、正教会は今日まで東欧のキリスト教として健在である。しかし当時のソビエト連邦がマルクスに替えてレーニンやスターリンを絶対神のごとく崇拝させたということでは、共産主義は宗教になり、互いに異なる絶対神があるだけにイデオロギー上では敵同士となる。そのことはその後の中国の毛沢東や北朝鮮の金日成と金正恩も似ている。

共産党トップは絶対神に等しいのに崇めず、疑う者達は反革命分子として処刑してきたのもソ連・中国・北朝鮮等の共産党の歴史の一面ではないだろうか。

ローマ法王庁とコミンテルン

ナチスはドイツ国防軍を指揮し、隣国デンマークやオランダやベルギーやフランスにも怒涛の進撃をしていた。

それ先立ち、カトリックの大本山であるバチカンのローマ教皇ピウス十一世（Pius PP. XI）はイタリアの反共ファシズム政治家ムッソリーニと手を握り、一九二九年ラテラノ条約を締結した。これはカトリックがイタリアムッソリーニのファシズム政権を正当なものと認め、ムッソリーニ政権はローマのバチカン市国を国と認めるもので、おまけにムッソリーニ政権はバチカン市国に多額のお布施をした。その後継者ピウス十二世（Pius PP. XII）はコミンテルンドイツ共産党や周囲の占領国共産党と闘っているヒットラーを支持した。

コミンテルンが活動資金や武器援助等でギリシャやスペインの人民戦線政府（実態は共産主義者グループ）、ドイツ共産党、中国国民党、日本共産党を支援し、各共産党がコミンテルンの指導により国際的な連帯を強化していることに、法王は危機感を抱き、一九三七年八月**「日本は防共戦争を戦っているので、世界のカトリック信者は日本に協力せよと布告した**（注⑱）。

昭和天皇は皇太子時代に欧州視察のおり、ローマで法王に謁見し、以来よしみを通じ、日本にローマ法王使節大司教の駐箚を歓迎し、親書交換等を続けていた。天皇は一九四一年十月十三日、日米開戦まで二ヶ月を切った日に側近に、

「対米英と戦争となった場合、ドイツは背信し単独講和することもあろう。窮地に追い込まれぬよう戦争終結の手段を十分に考究しおく必要がある。ローマ法王庁との友好親善関係を強めなくては」とほのめかし、苦悩する姿もあったようである。

ローマ法王庁、満州国を承認

国際連盟が満州国を独立国家として認めないことから、国際連盟に加盟できなかった満州国は国際社会に仲間入りしようと欧州各国や中南米まで外交を展開した。

一九三四年、満州国外交大臣謝介石以下の外交団は枢軸国のドイツ・イタリア、更に枢軸国と友好関係にある、スペインやバチカン等も訪問し大歓迎された。満州国をいち早く承認してくれたバチカン市国（ローマ法王庁）に感謝する表敬訪問でもあった。

世界最大宗教にして、欧米の大多数の国民が信ずるキリスト教主流のカトリック大本山が満州国を承認したことは世界を驚かせた。英米仏は承認しなかったが、独・伊・西・ソ・中国（王兆銘政府）など十一か国に達した。満州国外交団のローマ法王庁訪問では、法王ピウス十一世は、

「よくも遠いところから海を渡って会いに来てくれた。嬉しく思う。貴国皇帝陛下が益々ご壮健で、新しい国満州帝国が隆々たる発展をなしつつあることを知り、喜びに堪えない。貴国にはカトリック教徒が相当数居住するが、よろしく頼む。人類の秩序を破壊する共産主義に対し、貴国が戦っておられることを悦ぶ」（注⑲）

仮に満州は日本の傀儡国家としても、共産国家ソ連と対峙する満州は、反共の砦になると、ローマ法王は認識していたのであろう。

スペインでフランコ政権と人民戦線の戦いが始まり、ソ連が武器援助など人民政府を支援すると、ローマ法王ピウス一一世は共産主義に危機感を抱いていたので、一九三七年八月一三日に第二次上海事変が勃発すると、翌一四日には次のような「日本協力宣布」を発し、日本は防共戦争を戦っているので、世界のカソリック教徒は日本に協力せよと布告した。

①日支双方は負傷者を保護すること。
②日本の文明擁護の意図を支那が諒解の必要あることを説き、同時に外蒙よりする凶暴なる影響を駆逐すること
③支那領土は膨大なるを以て容易に日本の勢力を吸収しうること
④共産主義の危機が存する限り遠慮することなく、日本を支援すべきこと

しかし、この宣布は日本海軍がミッドウェー海戦に敗れると、日本の敗北を予想したのであろうか、誤報であったと否定されてしまった。（注⑳）

◎第二部　注釈

①「ベルギー大使の見た戦前日本」アルベール・ド・バッソンピエール著　P165
②「戦争と広告」森　正人著　P30
③「思想戦　大日本帝国のプロパガンダ」バラク・クシュナー著　P103
④「昭和天皇実録　第五」宮内庁編　P30
⑤「　同書　」P112
⑥「　同書　」P461～462
⑦「常識ではあり得ない中国の裏側」陳破空　著　P154
⑧「全文　リットン報告書　新装版　渡部昇一解説・編　P77
⑨「昭和天皇実録　第五」宮内庁編　P324
⑩「昭和天皇実録　第六」宮内庁編　P30
⑪「昭和史裁判」半藤一利・加藤陽子　P222
加藤　連盟脱退には熱河作戦が深くからんでいます。連盟規約によれば、（中略）勧告を連盟の総会なり委員会が準備しているときに新たな軍事行動を起こしてしまったら、除名という不名誉な扱

いをうけてしまうのです

⑫「昭和天皇実録　第五」　宮内庁編　P876

⑬「昭和天皇実録　第六」　宮内庁編　P8

⑭「革命の堕天使たち　回想のスターリン時代」　アイノ・クーシネン著　P173

中野男爵のおかげで、「エリザベート・ハンソン」は最上流階級の社交の場に招待されるようになり、一度は皇居の園遊会にも招かれたのである。また、ある長距離飛行士のために天皇裕仁が催した歓迎会の席に連なる栄誉を賜った。（中略）

わたしは天皇の弟である秩父宮に数回会ったことがある。彼は特異な人柄の人物で英語を流暢にしゃべり、しばしば外国人と同席しているのが見られた。

⑮「昭和天皇実録　第七」宮内庁編　P30

⑯「二・二六事件の謎」　大谷敬二郎著 P435　443 ~ 445

「貴方のお宅の女中さんは、憲兵の取り調べに対して、主人がこの朝電話にかかっていましたと証言しているが、貴方は誰と電話していたのですか」

「それもひどいデマだ。ワシは直接電話にかかったことはない。家の女中がそんなウソをいうことはない」

「では、聞きましょう。貴方は加藤寛治海軍大将と何か打合わせをしましたか」

「加藤大将とはこの朝、宮中で会ったのが初めてだ」（中略）

「話をかえましょう。この朝陸相官邸に貴方が着かれた時、磯部が走り寄って〝閣下統帥権干犯の賊を討ちました。情況はご存知ですか〟と勢い込んで言ったのに、貴方は〝とうとうやったか、お前達の心はよおッわかっとる〟と答えたと磯部は言っているが、この〝お前達の心はよおッわかっとる〟というのはどういう意味ですか」

「オレはそんなことはいわん、誰がどんなことを言っているか知らんが、そんなことは覚えておらん」

「嘘じゃない。ちゃんと磯部が陳述しているのですぞ」

「磯部がどのようにいったか知らんが、覚えていないものはいないのだ」

「貴方が陸相官邸を出るとき、お前達の精神はわかっとる。オレはこれからその前後処置にとりかかると彼らにいったそうだが、（中略）どうしようと考えていたのですか」

「そういったことは言ったかも知れないが彼らを助けるということでなしに、私の立場で事態収拾に乗り出そうとしたのだ」

（中略）「そこで貴方は本庄、川島大将を前にしてどんなことを言いましたか」

「何も話しはせん」

「貴方はこのとき、〝こうなっては一刻も早く事態を収拾しなければならないが、それには、彼等の志をいかして大詔の渙発を仰いで御維新に進むより他はない〟と言ったのではありませんか」

「デマだ！誰がワシがそんなことを言ったというのだ！」

⑰

「シベリア出兵」　麻田雅文著　P200

「日本共産党はシベリアからの撤兵を求める運動を、当時ロシアで広がっていた大飢饉を救済する運動と結び付けて、拡大しようとする。一九二二年七月には、「ロシア飢饉救済婦人有志会」が結成された。同会には与謝野晶子や山川菊江ら、共産党以外からも幅広い女性たちが結集し、絵はがきの販売、音楽会の開催などで、多額の救援金をロシアに送った。

⑱と⑳「日英同盟、同盟の選択と国家の盛衰」平間洋一著 P205～206

⑲「全文　リットン報告書『新装版』」　渡部昇一　解説・編　解説 P29

第三部　開戦詔書と戦局の悪化

第二次大戦前の日本は世界の五大国の一つであり、国際連盟の理事国として世界の指導的国家を任じていた。その日本が孤立して戦争の道に進むターニングポイントになったのは、満州国建国を認めない、国際連盟からの脱退であった。その満州とはどのような存在であったのだろうか

満州匪賊は現在のIS兵士

建国前の満州は、匪賊が跋扈する土地であり、匪賊の親玉の張作霖・張学良親子が支配し、金品を強奪し服従しなければ見せしめに殺害する匪賊団は、現在のイラク・シリア・アフガニスタン等に暗躍するIS（イスラミック　ステーツ）を彷彿させる。（注①）

当時の中華民国政府には匪賊を取り締まる力がなく、満州は無政府状態にあった。その匪賊はどこから出没していたのか。匪賊の供給源は最盛期には約三十万人いた張学良軍や満州の住民である。（注②）軍の兵士は対峙する日本の関東軍が劣勢の時は正規軍の一員となり、安月給でも安全に戦い給与をもらい、半ば休養期間にする。関東軍が優勢となれば匪賊に変身し、強力な関東軍との戦いを避け、弱い農民を襲い、女子供の拉致までした。拉致した女は無理やり嫁にされたが、どうしても従わなけ

れば売り飛ばした。子供は匪賊の少年兵として教育した。妻子や財産を奪われた農民は自暴自棄になり匪賊となり、他の農村を襲って同じことをする。負の連鎖となり、匪賊は増え、治安を悪化させていた。

匪賊は蒙古馬で徒党を組み、農民達を追いかけ逃がさず捕まえた。ＩＳはバイクで徒党を組み異教徒を理由に農民や市民に襲い掛かり、金目のものや女性を奪い奴隷とし、少しでも反抗する男は斬首し、首を広場に掲げ恐怖政治をした。ＩＳの本拠地モースルは五千人のＩＳ兵士が二百万都市を完全支配している。（注③）その手段とは、広場で斬首や手足の切断・奴隷売買もする恐怖政治を繰り広げ反抗心を徹底的に失わせている。匪賊とＩＳの違いは蒙古馬で農民や商人や女子供を追い掛け捕まえるか、バイクでそうするかの違いであろう。

その匪賊のＤＮＡは現在もなお朝鮮・中国国境の中国人に受け継がれたのか、命を懸けて北朝鮮から逃げてきた難民一家をかくまうどころか母と娘を切り離し、辺地の中国人の嫁に売り払う。逃げようとすると暴行や拷問の末、中国売春街に売り払う。北朝鮮の脱北者パク　ヨンミは十三歳で中国人の人身売買業者のボスにレイプされ売られた悲惨な体験談は、米国民主団体の支援を受け二十か国で出版され、日本にも来日講演した。（注④）

中国の近代史では匪賊に遡り、広範囲に暴動させた義和団事件、その後は北京近郊での済南事件、通州事件等々中国の民衆には〝攘夷〟として日本人を含む外国人を攻撃・殺害する大暴動が何度もあった。

　一九二〇年代の皇帝溥儀は、清王朝の財物窃取が露見したことから暴動を企んでいた、宦官約千人を宮廷から一斉追放する。それまで宦官制度が続いていたのである。宦官は自らの体にそうされたことに恨みがあり、盗みや火付け等の暴動も起こした。宦官とは、誘拐犯や親により幼児の時に男性器を切除された者である。成長するにつれて、声や体つきが女性化してゆくことから、腕力のない皇帝・皇后・女官たちがいじめたところで、宦官には反抗する腕力がなかった。いかなる命令にも従って生きるから、使い勝手が良いペットのような改造人間であった。宮廷は老人になった宦官を追い出し、絶えず美少年の宦官をリクルートしていた。

　少女に対しては纏足である。足首に硬い布をきつく巻き、人工的に小さな足首に変形させる。女性美がよくなるという男性支配階級の欲望がさせた悪習であった。

日本が台湾統治を始めたときに中国からの移民女性が纏足者であることに気が付き、直ちに禁止させたことから、この悪習は台湾では廃止になった。

　このように当時の中国には人権など全くなかった。日本人や西洋人が嫌悪する、残虐に人体を傷め変形させることを皇帝が止めさせるまで是認されてきた中国の悪習があった。

　二〇一二年には靖国神社参拝問題から、さすがに殺人はなかったようであるが、数万人といわれる大規模デモになった。中国政府が喜ぶ反日運動を大義名分に暴徒化、日本人は皆殺しにしろという横断幕を掲げ、日本の国旗を燃やし、蘇州・西安・長沙・青島・広州等々で数十の日系デパートを破壊し、金目の宝飾品や高級時計から商品は全て強奪し、日本製の車は焼き尽くされた。反日暴動参加者は略奪破壊の犯罪をしても処罰されない、即ち共産党幹部からの秘密司令があったと言われている。中国政府が一応の取り締まりを始めたのは暴徒が奪い尽くし、日本製の車を燃やし終わり、暴動参加者は逮捕されないよう逃げたあとである。

かつて清朝の官憲が西太后の指示により義和団の乱を扇動したように、政府取締機関が反日暴動を煽ったとの報道は否定できない。

翻って話を其のころの日本の宮中に戻す。一九三六年宮中に衝撃が走った。裕仁天皇の母貞明皇太后の女官島津は夫の死後、新興宗教にのめりこみ不敬罪で検挙された。取り調べのとき**「昭和天皇は前世のご因縁があり、早晩崩御を免れない。南朝の正統、故有栖川殿下の霊統を嗣ぐ高松宮殿下を**（天皇に）**擁立せねばならぬ」などと口にした。**（注⑤）　あからさまに〝高松宮に天皇譲位〟と耳にした昭和天皇は、裏に誰がいるのか相当な不快感を覚えた。

しかし生物学に傾倒した科学者昭和天皇は、神国日本の古式ゆかしい宮中祭祀に熱心ではなかった。欧州訪問以来国際協調を考えるように変身したと母の貞明皇太后は愚痴をこぼすこともあるとお付きの者からそれとなく囁かれていた。その上、昭和天皇を疎んじ弟の高松宮をかわいがるようになっていることも不満であったろう。

ヒットラーのドイツ共産党潰し

ドイツでは一九二八年の世界大恐慌でどん底にまで落ちた国家経済を三〇年頃から大規模公共事業である全土アウトバーンの建設で労働者の雇用を拡大し、長く懸命に働く若者にはフォルクスワーゲンの小型車 Kafer（ケーファー、甲虫）が買えるような高所得政策や、働き終えた老人には年金という福祉政策で圧倒的な支持を集め、ドイツを軍事国家に変えてゆく。軍事国家は、革命を起こし国家を破壊する共産主義者を排除するのが常である。

ヒットラーはコミンテルンに煽動されたドイツ共産党潰しに躍起になっていた。コミンテルン本部は、第一次大戦に破れ天文学的インフレになり困窮生活に陥ったドイツに共産革命を画策していた。一九二三年十月ペテログラード近くの港から貨物船で数千丁のライフル銃がドイツに密輸された。十分な武器を手にした労働者は共産党に指揮され、蹶起した。鎮圧され失敗したとは言え、ヒットラーはこの事件からドイツ共産党は非常に危険な存在と確信するようになった。

一九四二年にはドイツに占領され、アウシュビッツ他ドイツの強制収容所が多く設置されたポーランドはローマ法王に〝ユダヤ人が大量に虐殺されている事実を公表してほしいと嘆願したが、徒労に終わった。

何故ローマ法王は動かなかったのか。これにはナチスドイツから釈明があったのであろう。〝ユダヤの共産主義者どもが内乱を起こそうとしているから対処したのです〟と。

一九三六年から二年間モスクワで駐ソ大使を務めていた重光葵はコミンテルンの動きをつぶさに観察し、共産主義の危険を肌で感じていた。イギリス保守党や英国皇室は伝統的に反共産主義であることを知っていた重光は英国大使に異動となるや、英国で親日派とされていたハリファックス外相やバトラー外務次官との会談で**ソ連の脅威を強調し、非共産国間の意見の相違はスターリンの得になるだけだと〝防共外交〟**に懸命であった。（注⑥）

しかし英国にしてみれば、コミンテルンが共産革命を押し売りしている脅威には、英国の優れたスパイ摘発組織ＭＩ５が防衛していた。後述するコミンテルンのスパイであるゾルゲ諜報団の上海での暗躍も冷静に把握していた。それよりも、日本の軍部の行動は遥かに顕在的脅威であり、結局〝防共外交〟は英国には受け入れられなかった。

同年スペインで、コミンテルンから支援された人民戦線が政権を奪取、これに対してフランコ将軍が軍部を率いて人民戦線との内乱が始まった。スペインは王政であるだけに、裕仁天皇には他人事と思えずコミンテルンへの警戒心をより強くした。

日独伊防共協定と三国同盟

一九三六年十一月天皇臨御の下、条約などの重要問題について天皇が諮問する枢密院会議は国際共産主義コミンテルンに対する協定、いわゆる防共協定を審議した。

「防共協定は、共産革命を世界に広めようとするソ連やその指揮下にあるコミンテルンに対抗するものであります。ヒットラーもコミンテルンに煽動された、ドイツ共産党に手を焼いております。共通の敵である国際共産主義から日本を守るための防衛的なものであります。何ら対策しないと、コミンテルンはソ連を中心にした衛星のように各国を取り込みかねないのでございます。防共協定には、陛下に何らご心配されることがなきように計らいたいと存じます」

枢密院は全会一致でこれを可決した。議会ではなく、枢密院にしたのは野党の小うるさい質問など聞きたくなかったのであろう。

一九三七年になるとイタリアも日独に加わる三国防共協定が締結された。防共外交を唱え、一致協力して反共政策を進めようとした日本外交に賛成したのは、結局ドイツとイタリアの全体主義国家だけだったが、後年満州国やドイツが占領したハンガリーの参加が得られ、防共協定は、ソ連と国境を近接する欧州やアジアの国々が共産軍の侵略を防ぐ普遍的なものだと国民への説明に使われた。これが三年後に日独伊三国軍事同盟になり、米英との対戦に向けて大きく舵をとることになる。

日独伊が連帯するのではなく、英米仏を含めた国際協調をどうするのか、外交大権は統帥権と同じように天皇専権であるから、天皇は真摯に確認を試みた。

「それならば防共協定から軍事同盟に発展することはないのか？」

「それは、防共協定により三国間の意思疎通が非常によくなり、日本の国益にかなうものなら、より強固な協定に発展することもありえると愚考致します」

「日本の国益にかなうとは、どのようなことか？」

ここで、陸軍トップは軍事上の利益に話をすり替えた。

「蒋介石の国民党軍が我が陸軍に頑強に戦い、日本がシナ事変を収拾できずにいるのは、ドイツが国民党軍に最新兵器を大量に輸出し、同時にドイツ軍事顧問団を以て、ドイツ軍が得意としている塹壕戦法等の軍事指導を蒋介石軍に行っているからでございます」

これまでヒットラーには懐疑的であった天皇は更に驚き、

「ドイツはそのような国であったのか。それではナチスドイツを信用して良いのか？」

英明な天皇の指摘に陸軍トップは慌てた。

「陛下、ドイツが蒋介石に武器輸出をしているのはドイツ軍需産業の金儲けの為だけでございます。

ヒットラー総統の考えではございません。日本が、ドイツに中国への武器輸出禁止と軍事顧問団の撤退を同盟条件にすれば、ドイツの武器輸出も軍事顧問団もなくなります」

事実、蒋介石が頑強に軍事的抵抗を続けられるのもドイツ陸軍から派遣されていた軍事顧問団やドイツの優れた武器供与に拠っていた。この時期、ドイツの最大の武器輸出国は中国であった。

「蒋介石に軍事物資を支援して日支事変を長引かせているのは英米だけかと思っていたが、ドイツもそうであったか。ドイツと提携しないと中国との泥沼戦争が片付かないことはわかった。それでは、イタリアと提携する実利は何か？　イタリアは、陸軍も海軍もみるべき戦力などないのではないか？」

「イタリア陸軍は屈強の戦車師団があり、海軍は地中海を制して黒海からソ連への武器食糧を遮断しております。空軍には世界一長距離を飛べる輸送機が間もなく就航致します。イタリアからソ連と中国の間の東アジアを飛行し、満州国にて給油すれば東京に飛来できます。またベルリンからローマへはアルプス越えで三時間程度の近い距離になります。」

「そうか、その輸送機を爆撃機や武器兵員輸送機に改造して、三ヶ国機動連合軍にして、米英に対する抑止力にするというのか」

実は陸軍は、日本では製造できない、重慶他長距離飛行できる重爆撃機が喉から手が出るほど欲しかったのであるが、天皇の理解のままにした。

「陛下のお察しのとおりでございます」

「しかし問題がある。辺境地域といえどもソ連が黙って領空通過を認めるかにかかっているぞ。日独伊三国同盟は英米に加えて、ソ連がドイツと日本に挟み撃ちされると警戒すれば、ソ連は英米と提携することになろう。ドイツ・イタリアとの軍事同盟は米英を敵に回すことになろう。熟慮を重ね良く検討せよ。朕にはまだ得心できない」

天皇の懐疑を聞かされた軍部は、ここは譲って引き下がるのが良いと考えた。

「畏まりました」

実はコミンテルンの煽動を防ぐための防共協定は最終目標ではなく、軍部特に陸軍は軍事同盟を狙っていた。狙いとは、

第一にドイツの蒋介石への軍事指導や支援を止めさせることにあった。蒋介石との戦いが長引き、日本軍の戦死者や重傷者が増え、皇国日本を守るための闘いにも厭戦気運が漂い、その中に共産主義者が隠れていると治安当局はみていた。軍部としても蒋介石との消耗戦を休戦させ、その兵力を南方資源奪取に転用する急務に迫られていた。

第二の狙いは、ドイツが東フランス一帯を占領し、フランスに親ドイツ政府ヴィシー政権を樹立したことから、フランスの植民地ベトナム・ハノイに日本陸軍航空部隊の進駐を認めさせ、日本は仏領ベトナムの植民地経営に経済支援するというものである。ハノイ近郊から米英は中国奥地の蒋介石に大量武器食糧を供与し、日本と徹底抗戦をさせていた。この援蒋ルートを閉鎖すれば、蒋介石の中国

国民党軍は降参すると楽観した。

第三の狙いは、破竹の勢いのドイツはイギリス上陸作戦を敢行し、フランス同様にロンドン一帯に親ドイツ政府樹立を期待したのである。そうなれば、英国は植民地シンガポールの軍港や航空基地を維持する余裕はなくなる。ここを占拠し前線基地にすれば、オランダ領インドネシアの軍事資源、喉から手が出るほど欲しい石油を奪えると目論んだ。そのためにはドイツとの友好関係を深めたかった。

そもそも三国同盟とは、欧州は独伊の思うように切り取り、アジアは日本が好きなように切り取るためのものである。三国同盟を欲したのは、ドイツよりも日本であったことは銘記すべきであろう。三国同盟を締結することなくドイツが英国を占領すると、ドイツは英国軍を先兵にして英国植民地に乗り出してくる。そうなれば日本は、破竹のドイツと交戦することの脅威に怯えることになる。

では何故ドイツは結果的に反日となる蒋介石支援をしていたのか。ドイツの武器輸出が軍事産業を潤わすことだけではなかった。第一次大戦に敗戦し、中国からの租借地膠州湾、青島や、営々と整備してきた南洋諸島を日本に奪われたことから反日気運は根強いものがあった。

ドイツの近代史を少し学べば、ドイツと日本が友好関係にあったのは、ほんの一時期にすぎないことがわかる。ドイツ貴族の娘エカテリーナがロシア皇帝に嫁してからドイツ皇帝とロシア皇帝は絆が強まり、そのロシアと日露戦争し満州からロシアを追い払った。しかしロシアも負けてはいない。日本が旅順・大連・膠州湾を租借しようとすると、横槍を入れ、中国に返還させた。

次いで第一次大戦では同盟国イギリスの要請を受けて、日本海軍は地中海に駆逐艦隊を派遣し、ドイツのUボート（潜水艦）は日本の駆逐艦隊の機雷攻撃で次々に撃沈され、多くの戦死者を出した。反日はドイツ人のＤＮＡに刻み込まれていたのではないだろうか。最近の対応を見てもメルケル首相は中国一辺倒であり、ドイツ大使館は三・一一東日本大震災の後の福島放射能汚染で、真っ先に東京から関西に避難したことから、首都東京は放射能危機にあるかのような風評を欧州各国に広めた。

イギリス大使館はそれに対して、沈着冷静に動かず、英国大使館ＨＰで〝英国は日本と連帯する。東京は安全〟と日々在留外国人と海外にメッセージを送り、大使は在日外交団の中で真っ先に救援物資と共に東北の被災地激励に向かった。ドイツが国として被災地に何をしてくれたかは、話題にもならなかったが、民間レベルではドイツの小さな町リーチェン（Rietschen）から数十万円の見舞金があった。終戦直後の不衛生な町リーチェンにソ連軍の捕虜となった肥沼信次医師が蔓延するチフスの治療に無私の情熱を注ぎ、何百人ものドイツ人の命を救い、ついに自らがその病に斃れ客死した日本人医師へのリーチェン有志者からの返礼であった。ドイツ人は国家ではなく、人間として大事な礼を尽くしたのである。

一九三九年一月、天皇は三国同盟締結を改めて有田外相より奏上された。

決定した政府の方針は、主たる対象はソ連とするも、状況により第三国も対象となりうること。（中略）**第三国へはコミンテルンを対象とすると説明すること**（注⑦）とした。

天皇は、英米を敵にすることに大きな危惧を抱いたが、板垣陸相は意に介さなかった。それどころか、大島駐独大使と白鳥駐伊大使は語らったかのように、〝独伊がソ連以外の国、コミンテルンや英米から攻撃されたら日本は参戦する〟とベルリンとローマで明言した。ソ連とコミンテルンを対象とする軍事同盟が英米も対象とすることに変質したのである。

天皇は聞き捨てならぬ、と直ちに大島・白鳥両大使の独伊政府へのコミットを取り消すよう訓令したが、板垣陸相は天皇の意志に逆らい、大島・白鳥両大使を擁護した。天皇は忠誠のかけらもない板垣を呼び注意した。

後日、陸軍幹部の人事異動（栄転）の裁可を求めに参内した板垣陸相に、二・二六事件関与者と噂される山下奉文中将と満州事変を策謀した石原莞爾少将の栄転があるのに気が付き、不満を述べ、この日は裁可しなかった。

防共協定を変質させたい陸軍の策動を批判し、日頃感じている陸軍の体質に批判や不満を種々述べ、ひいては陸軍大臣の能力にまで言及した。天皇の公式記録である、昭和天皇実録では陸相の能力問題と抽象的な表現に抑えているが、侍従の日記等によれば、一向に天皇の意志をわかろうとしない板垣陸相に〝**お前ぐらい頭の悪いものはいないのではないか**〟と叱ったとされている。（注⑧）

面子を潰された板垣陸相は、辞表を提出すると天皇に脅しをかける。〝オレに辞表を出させて良いのか。オレの陸軍の子分たちが黙っていないぞ〟との凄みさえ感ずる。皇居に常駐する畑俊六侍従武官長は二・二六事件再発を恐れ、天皇のお言葉は軽い注意のようなもので、陸相に辞表の提出を促したものではないと事態を収拾せざるを得なかった。

盧溝橋と張鼓峰事件で統帥権暴走

一九三七年、盧溝橋事件が勃発した。北京の近くの盧溝橋という大きな石橋で暗闇の夜に演習をしていた日本軍が銃撃されたことから、日本陸軍と中国国民党軍が衝突になった。これが日本と中国の本格的戦争の発端になる。何故、中華民国に日本軍が駐留していたのか、という出発点から書かねばならない。これは清朝時代に義和団による大暴動があり、北京他にある各国大使館・領事館・居留民が多数殺戮されたが、清朝政府は取り締まらないどころか陰では支援もしていた。その解決として治安を維持するべく、各国に一定数の軍隊の駐留を認める北京議定書が調印されていた。各国から北京周辺に派遣されていた駐屯軍は現在の国連平和維持軍のようなものであり、侵略目的によるとの認識は短絡的であろう。

北京議定書という国際条約に基づき日本は陸軍を送り込んだ。次いで対華二十一か条要求では満州鉄道防衛隊が認められていた。中華民国軍は兵力数や装備から正規戦では勝てないとみて、専らゲリラ戦で夜襲や待ち伏せ攻撃等を得意とした。夜襲されてもうろたえず応戦し、追い払えるよう夜間訓練をしていたのは議定書の範囲内の自衛権である。

盧溝橋の夜襲事件が発生した翌日の七月八日、皇居に常駐する武官長から天皇に報告がされた。北京駐在部隊は少数であり、多数の匪賊が入り込み何万にもなった中華民国軍に包囲されては全滅の危機になる。よって直ちに応援部隊を送り込みたいとの参謀総長の上奏があった。昭和天皇実録七月十一日の日誌で天皇は、

「満州事変時の如く陸軍が統帥権干犯論を持ち出す恐れあり、総理を召すのは参謀総長の奏上後にすべき」と仰せになる、とある。既に天皇は、二・二六事件の陸軍青年将校が軍の言うことを聞かない首相・蔵相他天皇側近を殺戮してしまった事態を思い起こした。良く言えば、陸軍の意向を斟酌する、分かり易く言えば陸軍を恐れるようになっていた。全軍を統率する天皇の統帥権は陸軍参謀本部に独占され、他の誰にも干渉されないという軍部の独断専行がまかり通っていた。

統帥権とは大日本帝国憲法第十一条にあり、天皇のみ陸海軍を統帥する規定である。軍部に意見する者は統帥権干犯になり、軍部は許さないという主張である。それならば、天皇に主権がある立法・予算・外交等に、軍部が口をはさんだら天皇大権干犯になるのではないかと反論しておけば、この後の軍部独裁に歯止めがかかったかも知れない。しかし、軍部の五・一五事件や二・二六事件で軍に反対する政治家や閣僚が軍部に殺害されたことは、軍に反対することは命を失う時代になっていた。

一九三四年駐日ソ連大使は林陸軍大臣に対し、前陸相より現在の林陸相はソ連に対し強硬且つ挑発的であるから懸念すると日本政府に申し入れしてきた。天皇はソ連を挑発するようなことが事実あったのか、本庄侍従武官長に質した。本庄は、「ソ連は他国の労働者・無産者を煽動して自国と同様の共産体制にすることを目論み、我が国にも累を及ぼす恐れあり、陸軍は、特にソ連に対して憂慮している所以」と奉答した。

一九三八年満州とソ連の国境にあり朝鮮に近い張鼓峰で、軍事的衝突が勃発した。満州とソ連の国境紛争であるから、満州軍が前線に出動し、満州と軍事協定を締結し駐屯する関東軍は支援に回るのが筋であるが、陸軍参謀本部は日ソ全面戦争に備え、関東軍の戦力を温存し、朝鮮軍を出動させる旨、天皇の裁可を求めてきた。

外国との交戦権は天皇の専権事項であり、軍部が独断専行して戦争を始めることは決して許されることではない。陸軍刑法は天皇の命令なく司令官が外国と交戦することは死刑となっている。但し、敵軍から攻撃された場合に自衛のための応戦は、軍隊の存亡に関わることであるから防衛戦は認められている。満州事変、日華事変等々最初に攻撃してきたのは中華民国軍であり、日本陸軍は自衛のために応戦しただけと主張したのである。

中華民国軍は防御・自衛及び後発制人（攻撃された後に反撃）を堅持すると宣伝してきたが、真っ赤なウソであろう。先制攻撃の伝統は中華民国軍もそうであったし、その後の中国人民解放軍にもしっかり受け継がれている。**米国防省の年次報告書は、「中国の『後発制人』は建前に過ぎず、中国は朝鮮戦争において先制攻撃を行ったし、インド・ソ連・ベトナムとの国境紛争においても先制攻撃を行ってきた」と指摘している。**（注⑨）

汪兆銘と日華協議記録で和平交渉

戦火は中華民国の各地方に広がる中、蒋介石の側近に和平派がいた。汪兆銘である。蒋介石軍や共産党軍が合同して人口約五十万の大都市、長沙市を焼き尽くし、日本軍将兵が風雨を凌ぎ、食料を購入する前線にさせないようにした。井戸には毒物を入れ、水も飲めないようにしたと言われる長沙焦土戦術である。焼死者は数万とも言われ、日本軍に勝つために、自国民を巻き添えにした事件である。

家族も家も家財も全て焼き尽くされた長沙の住民たちの悲しみの顔を見た汪兆銘は、共産党軍は勿論、蒋介石の戦闘方法にも怒りを覚え蒋介石と決別、日本との和平に乗り出した。共産党軍は戦後人民解放軍に改組されるが、長沙大火事件に続きその本性を再び現したのは天安門事件である。名ばかりの人民解放軍は人民を解放するどころか天安門の前で共産国家の民主化を求め、座り込みしただけの青年たちを見せしめに戦車搭載の機関銃で射殺した、人民弾圧軍である。その指揮統率は共産党にあり、党からの命令で平気で人民を殺せる軍隊である。

一九三八年汪兆銘から和平の働きかけがあったことを契機に日本側は重光葵を派遣、和平条件を煮詰めた。日本の要求は満州国の承認、中国側は二年以内に日本軍の中国からの撤兵である。合意文書として、〝日華協議記録〟が署名された。

一九四〇年、この協議記録を足掛かりに南京で中華民国（南京政府）主席汪兆銘と前首相で陸軍大将の特命全権大使阿部信行が日華基本条約を締結、更に満州帝国代表者を加え日満華共同宣言が調印された。その内容は日本が汪兆銘の中華民国国民政府を承認、同政府は満州を承認し国交を樹立する。三国は友好と連携を強化しようとするものであった。この日華基本条約と日満華共同宣言の原本は絹の閉じ紐と天皇の御璽ある金のシール付きで、現在外務省外交史料館に丁寧に保存・展示されている。日本が中国との戦争終結に尽力した証左を残したことは、外務省の大きな功績にして間違いないであろう。

翌四一年になると中華民国特命全権大使褚　民誼より信任状が天皇に奉呈され正式に中国との親善的な国交が

汪兆名
（Wikipedia より）

成立した。これは日本軍に挑発と徹底抗戦を続け、話し合いの余地がない蔣介石軍の重慶国民政府に、日本は見切りをつけたことになる。

真摯に和平を求める昭和天皇にこのことが上奏された。天皇は、

「匪賊上がりの張作霖を始め蔣介石など、中国の支配者達は皆戦争好きかと思っていたが、和平を先導する者が出て来たことは、実に喜ばしい。しかも、共産党と手を握った蔣介石に反旗を翻し、中国に平和な反共民主国家を建てたいと申しているとは大いに評価すべきである。朕の目指すところに近い。汪兆銘なる者に最高位の勲章を授け、その功績を称えよ」

「陛下、最高位と仰せられますと大勲位菊花大綬章になります。これは英国女王陛下様並みの格別のご配慮になりますが、それでよろしゅうございますか？」

「それで良い。朕がどれだけ中華民国と和平を望んでいるか、内外に知らしめたい」

「畏まりました。陛下の仰せのままに執り行います」

汪兆銘は清朝官費留学生として法政大学生時代に続く、日本再訪を楽しみにしていたが蔣介石軍との戦いや政務多忙で果たせなかった。しかしついに一九四二年訪日を果たし、天皇から最高勲章を届けられた。その御礼言上に南京政府特命全権大使や政府要人達、更に軍のトップを従え、皇居を訪問し天皇の拝謁を受けた。皇居では天皇自ら車寄せに出迎え、帰り際には車寄せまで汪兆銘を見送る異例の厚遇であった。汪兆銘政府には、北京他主要都市の施政権を返還し、同政府使節団を日本に暖か

く迎え入れた。

更に一九四三年、アジア親日国家群の結束を強化するべく開催された大東亜会議の後の晩餐会で、満州帝国首相・タイ国王子、フィリピン大統領・ビルマ首相・自由インド政府代理等々綺羅星が居並ぶ中、汪兆銘は天皇の臨席に指定され、天皇と親しく歓談する栄誉を授けられた。

昭和天皇は中国との戦争の始まりとなる満州事変からほぼ全てが事後報告であり、正式手続きの内奏→上奏→裁可の手順を踏んでおらず、陸軍は天皇に事態や正邪を鑑みることをさせなかった。それを改めたのは東條総理からで、これが天皇の東條信任につながった。

話は少し遡って一九三二年一月、中華民国との協定で認められている上海租界地域に中華民国十九路軍は約三万の大軍で租界地域を包囲した。

上海は日英米仏が中国進出の橋頭保として、それぞれの居留民保護のため、地域を分担警備していた。その中の日本警備地区に発砲し挑発を始めた。この発砲で日本兵は数十名の死傷者を出した。日本の警備兵はわずか千名、守るべき日本居留民は二万名以上になる。尼港の惨劇を繰り返さぬよう、日本は約一万の兵を送り、戦闘が拡大していく。

なぜ中華民国は、突然一月に挑発を始めたのか。中華民国は日本陸軍が侵略しているとして国際連盟に提訴し、連盟は一月にリットン調査団を満州に派遣することを決めた。調査団の調査地域は満州であったが、上海でも日本軍は中華民国と戦闘中となれば、調査団に戦争国家日本という悪いイメージが植えつけられる。中華民国は、三月三日の国際連盟総会で侵略国家日本を糾弾する準備をしていた。

二月二十六日に白川義則陸軍大将が総司令官として上海に派遣されることが決まると天皇は白川を呼び、国際社会から戦争国家の汚名を受けぬよう、三月三日の国際連盟総会開始の前に和平し撤兵するよう諭した。

現地に到着した白川総司令官は直ちに全予備軍を以て十九路軍の背後を突き、撤退させると停戦交渉を始めた。首尾よく停戦が決まるや国際連盟の日本外交団に至急電が届けられた。ギリギリ間に合った国連総会では英米仏伊のとりなしもあって、一時的とは言え、中華民国と和平することになった。

白川は五月になって中華民国と和平式典に臨んだ。その式典に紛れ込んでいた朝鮮独立派のテロリストに爆弾を投げつけられ、数週間の闘病むなしく殉職した。

天皇は深く悲しみ、白川大将の家族に、異例の温情となる、御製の短冊を届けさせた。

〝乙女らが雛祭る日に戦をとどめし勇（いさお）を思いでにけり〟

軍司令官たる者は戦をするのが勇ではない。天皇の意志を忖度し、進軍追撃を強固に主張する軍中央や参謀たちを抑えて戦を止めるのが真の勲である、と諭したのである。昭和天皇は対中戦争を早くやめさせたかった。

蒋介石は南京市に大軍を送り、日本軍と激戦になり一万を超える捕虜を残したまま遁走する。この捕虜が暴動を起こし、鎮圧のため処刑したことが南京大虐殺事件とされた。日本人捕虜もオーストラリア他いくつかの収容先で暴動を起こし処刑されたが、捕虜の暴動は即処刑となるのは欧州戦線でも万国共通である。

汪兆銘に話を戻す。汪兆銘は、和平以外に殺戮を辞めさせる根本的な解決手段はないことを悟っていた。一九四十年、汪は南京国民政府を立ち上げその主席に就任していた。しかし日本と友好和平をするものは中華民国の裏切り者とした中国人の暴徒に数発の銃弾を浴びせられた。

一九四四年、銃撃された傷が悪化し、その治療のため来日した汪兆銘に最後の時が近づいてきた。汪は、骨に残り摘出できなかった弾丸が骨髄腫を発症させていた。このことを知った日本政府は汪に当時の日本で最高レベルにあった、名古屋帝国大学医学部附属病院に特別室を用意し入院させた。このことを内奏された天皇・皇后は、侍従を病院に遣わし、心づくしの見舞い品を渡したほか、付き添いとして来日していた汪の愛妻で、清朝革命運動を始めたころから同志の陳璧君にも手元品を入れる小物を渡し慰労した。（注⑩）汪は骨髄腫の激痛に耐えながら約八か月の闘病生活を続けたが、同病院で客死、その遺骸は特別機で丁重に南京に送られ、呉王墓に安葬された。その奏上を受けた天皇は汪兆銘の死を深く痛み、一九四四年十一月中華民国国民政府主席代理の陳公博に弔電を発した。

「朕ハ貴政府主席汪精衛（中国での別名）**閣下逝去ノ悲報ヲ聞キ痛嘆措ク能ハス　同主席ガ日華両国共存共栄ノ堅キ信念ヲ以テ両国提携ノ緊密強化**（中略）**セラレタル功績ハ真ニ絶大ナルモノアリ　朕ハ此ノ偉大ナル指導者ノ長逝ニ対シ哀心哀戚ノ情ヲ披歴スル（以下略）**（注⑪）

清朝官費留学生として、九段靖国神社近くの法政大学で学んだ学生時代と、その時に見た神社の桜吹雪を思い起こしながら汪兆銘は死去、中国全土を平和な楽土にする志は遂げられない無念の生涯になった。死後、故国の汪家は名古屋大学病院の手厚い看護と汪の魂も慰めるため、紅梅の木三本が寄贈され病院中庭で平成の今なお二本が生き続けている。（注⑫）

汪兆銘は日本の欠点も見抜き意見していた。

「日本政府に対して言いたいことは山ほどある。それを要約すると三つの〝不〟に到達する。〝上下不貫徹、前後不接連、左右不連携〟上役がよろしいと受けても下が聞かん。前任者が言ったことを後任者はそんなことは俺は全然知らんと問題にしない。左右の連携もまったく欠けている。外務省がいいこと言ってくれたと当てにしていると、一つも陸軍は聞いてくれない。外務省が言ったことなど俺が知るかという態度だと。これが海軍、陸軍、外務省全部に通ずる。これが日本の悪い所」だ。自分（汪兆銘）**は重慶の蒋介石国民党政府から引っ張り出され舞台に立たされて、やろうと思っても何も出来ない。恥ずかしくてできません。なぜなら、この三つの〝不〟のためです」**と。（注⑬）汪兆銘の無念の死の後、武力派の国民党蒋介石が実権を握り、日本に勝利すると、仇敵の汪兆銘の妻陳壁君を蘇州漢奸裁判に出頭させた。陳壁君は堂々と、

「日本軍の侵入が切迫すると、国府要人は民衆の保護に当たることなく、（中国）**国民を捨てて逃げたではないか。われわれは全く徒手空拳で、和平反共の原則に基づき中国を日本より守るべく努力し**

た。（中略）**私たちの行動が反逆だというなら、私はあえてそれらの民衆に役立ったということだけで喜んで死に服しよう」**と堂々と陳述した。（注⑭）

皇紀二千六百年と聖戦イメージ

一九四〇年は、天照大神の子孫とされる神武天皇が初代の天皇として即位・建国してから二千六百年にあたる年ということで、紀元二千六百年の大祝典が国家発揚の見地から全国で挙行された年である。

海軍は特別観艦式を誇示した。この時の旗艦比叡以下艦艇は約百数十隻。その中心に天皇が座上する観閲艦は天皇旗を翻し、英米蘭仏から招請した艦も従え航行させた。その上空には約五百機の海軍軍用機が整然と飛行してゆくのを天皇は玉座で観閲し、この海軍があれば米国には負けないと心中に期するものがあった。

陸軍も海軍に負けじとばかり、天皇の愛馬白雪に座上を請い、五万に近い将兵と最新型戦車二百両等の機甲部隊が行進し、上空には陸軍軍用機五百機を飛行させる閲兵式を行い、帝国陸軍の威容を見せた。

欧米の国々は勿論キリスト歴である。キリスト歴（西暦一九四〇年）は皇紀では二千六百年にあたる。即ち日本の建国は欧米キリスト教国家群の絶対神であるキリスト生誕より、六百六十年も先んじて由緒ある神国が始まったという教育がされ、日中戦争は聖戦なりという夜郎自大に陥った。それに付け込んだのがヒットラーである。

ヒットラーは側近に尋ねた。

「今年は日本の天皇歴二千六百年になり、余もドイツ宰相の肩書で皇紀二千六百年慶祝の親書を天皇に奉呈する。更に記念となる贈り物をしたい。天皇には既に用意したが、皇后には何が良いか、東京の大使館から皇后の趣味を知らせてきたか？」

「閣下、皇后陛下のご趣味は西洋音楽で、オペラも聴かれるとのことです」

ヒトラーは全国民に読ませた〝我が闘争 Mein Kampf〟で日本人を黄色い猿と蔑視していた。ドイツ人を中心とするアーリア人が三千年も前、キリストより千年以上も前に言語や文化を創造した。日本人に創造は出来ないがメッセンジャー、即ち子供の使い走り位の仕事はさせられる。他方ユダヤ人と共産主義者はアーリア人の文化を破壊する民族と敵視した。

日独防共協定が実現しそうになると〝我が闘争〟から日本人蔑視の文章を削除した改訂版を駐日ドイツ大使館や日独友好団体等に寄贈し、問題の初版を廃棄させた。しかし、天皇はナチスとヒットラーを好まれておらず、従ってドイツ大使への謁見も少ない事がドイツ本国に報告されていた。ヒットラー

は東京の大使館から皇后の趣味を報告され、

「ボス猿の連れ合いにしては、素晴らしい趣味だな。猿には三味線と笛・太鼓などお座敷芸の簡素な楽器しかないから、世界を指導する者の精神を高揚させるドラマティックで且つ豪壮な交響曲を作曲し、大迫力ある世界最高の我がドイツ音楽を聞かせて、猿どもを手なずけてみるか。その贈り物は必ず式典の前に届けよ」

ヒットラーの本心は、猿の末裔が神国日本とは、アーリア人の気高さを分からぬ傲岸な民族だが、今のところは日本をおだてあげて引き付けておくのが良いとしたのである。ヒットラーから祝典序曲の作曲指示は同盟国のイタリア、強引に三国同盟に加盟させたハンガリー、占領していたフランスにも及び、皇紀二千六百年祝典曲のレコード計四枚とその楽譜が天皇と音楽好きな良子皇后に献上された。（注⑮）

天皇は、良子皇后の喜ぶ姿を見て、ヒットラーは殊勝なことをしてくれたと印象を良くしてしまった。それから間もなく日独伊三国同盟が御前会議に上奏され、反対する者なく裁可された。そしてその約一年二か月後に、日本は米英に戦争を仕掛けることになる。

二〇一六年に逝去された昭和天皇末弟の三笠宮元陸軍少将は皇弟であるにも関らず、戦後の建国記念日設定に反対された。神話を史実であるかのように記念日とすることは、神がかり的うぬぼれになりかねず、再び国を誤らせる恐れがあると意見したのである。

中国での聖戦は、日本の租界地や上海等の日系工場や満州の炭鉱等を守る権益防衛的なものから、中華民国軍追討作戦に拡大していく。戦死者が増えるに従い、国民の疑問が広がるがそれを封じるために皇国の聖戦なりという戦争美化のイメージつくりが重要になった。敵国スパイに悪用されないようにと新聞記事に加えて、戦地写真の事前検閲が始まった。中国民間人の親子の死体写真はどうみても中国ゲリラ兵には見えないから、掲載不許可である。真実を伝えたいと密かに悲惨な写真を持ち帰ったものには、新聞・雑誌記者なら即時徴兵され、戦闘訓練を切り上げ最前線に送られ、名誉の戦死が待っていた。

同年ドイツが電撃作戦と呼ぶ戦車部隊と急降下爆撃機の連携攻撃により、デンマーク、オランダ、ベルギー、フランス等を次々に撃破占領していく西部戦線と、兵站の確保を兼ねて穀倉地帯のウクライナとバクー大油田を確保する東部戦線があった。戦車・自走砲・装甲車等機甲師団の強大な破壊力と防戦準備の時間を与えない電撃戦法を以てチェコやハンガリーやポーランドを降伏させた。更に奥深くソ連に進軍するためには大量の石油が必須であったが、ドイツ国内では石油を産出しなかったからバクー大油田を最優先で確保した。約二年後に日本は開戦すると直ちにインドネシア各地の製油所を落下傘部隊で急襲し、製油所が爆破される前に確保したのもドイツの戦い方を取入れたからである。

ソ連は東欧諸国を共産国家に

他方ソ連は、ドイツがウクライナやコーカサスが大きな抵抗もなく占領されてゆくのを見て、まずバルト三国を併合してゆく。ソ連の正式名はソビエト社会主義共和国連邦であるが、連邦とは名ばかりで、周辺の各ソビエト共和国に自治権を与えない中央集権的独裁国家であった。東欧はドイツとソ連の二強による陣地取りの舞台となった。

ポーランドは元々共産国家ではなかったし、ルーマニアは王国であったが、ソ連と陸続きであるためコミンテルンの侵入は容易であった。その秘密資金を得て、非合法に設立されたルーマニア共産党に十八歳で入党したのが、後にルーマニア社会主義共和国のトップとなるチャウシェスクである。ソ連軍のルーマニア侵攻を支援し、ソ連による占領地行政を手助けしたのである。ソ連邦国家群の支配体制は、飴と鞭が徹底されていた。飴とは戦争で廃墟にされた各首都に経済支援し、復興の手助けをしてやる。復興が一段落すると､石油やガスを格安で供給し､ソ連にどっぷり依存する経済にしていった。反対や独立の動きを見せたら、石油やガスの供給を停止すれば良い。戦闘による兵士損耗がなく抑圧できる。ソ連に反対する動きをいち早く察知しその国の治安組織に弾圧させる目付け役と、各連邦トップの書記長や軍司令官の行動を監視し、ソ連政府に報告する役目の大使はソ連共産党のエリート達である。その一人が、後年フルシチョフの次のソ連邦書記長となるアンドロポフ駐ハンガリー大使であった。

バルト三国のリトアニアではソ連軍の銃口の前に、親ソ政権を誕生させ、その政府に請願を無理強いさせ、ソ連に併合されてゆく。この手口はリトアニア駐在日本領事から報告された。日本陸軍はソ連に敗戦するとソ連に隷属する共産国家にされるという恐怖を覚え、さらにソ連に対抗するにはドイツと合同するのが最良と確信するに至る。

同年十一月、松岡洋右外相は外務官僚が大使になるのを当然としていた駐米大使人事に野村吉三郎海軍大将を任命、外務省官僚を憤慨させた。野村が日米交渉をすると、外務省のほぼ全体が野村を気に入らない中、天皇の信任を得た野村は、誠心誠意日米関係改善に取り組む。しかし野村大使による日米関係改善は対米交戦派が主流となっていた外務官僚たちから見放されていた。天皇に仕える官僚達は対米戦争への準備を固めていたのである。

治安維持法改正で戦争準備に天皇苦慮

治安維持法の最初の制定は、一九二五年ソ連との国交樹立により、ソ連から商業使節団や各種学会員に扮したコミンテルン要員が来日することを拒否出来なくなる事態を懸念した天皇に対処法案として治安当局が用意したものであるが、日本共産党摘発と壊滅にも利用し、猛威を揮った内務省特高警察と司法官僚が表彰された。

その**最高の栄誉となったのが一九三六年一一月の内務（特高）・司法官僚への叙勲と金銀杯の下賜である。国体への最大の敵対者である共産党の壊滅がほぼ完了したことに天皇から栄典が授与された。**弾圧を指揮した警部等に**月十円の功労加俸がつくようになった。**（注⑯）現在に換算して数万円になろうか。しかし、この特高警察に虐殺されたプロレタリア作家小林多喜二は、草場の陰でどう思ったことか。

コミンテルンに工作された者を取り締まる法整備は治安維持法で万全であることを天皇に内奏した上で、若槻内相は衆議院で趣旨説明をした。

「俗の言葉で申し上げれば此の法律は無政府主義、共産主義を取締まる法律であると言っても宜しいのであります。（中略）**無政府主義・共産主義を実行せんとしてはいけぬと云う取締法であります」**（注⑰）

太平洋戦争開始の年一九四一年になると国家総動員法や新聞条例に加え、三月には治安維持法を全面改正し、条文数を七条から六五条に拡大し、最高刑は十年から死刑に罰則を強化した。治安維持法の構成要件を国体変革のための結社を組織した者から、結社を支援した者にまで拡大した。これにより治安当局は戦争に反対と言う者は支援者として全て逮捕できることになった。

神宮や皇室への尊敬心は法律で改心させられるものではない。それどころか、治安維持法違反で検挙された本物の共産主義者は、〝俺はこれまで何の恩恵も天皇からもらってはいない〟と叫び、当局の拷問にも屈せず、拷問死させられても信念を変えず殉教者のような、日本共産党員の歴史がある。東洋でも西洋でも民衆を殺戮すればするほど、独裁者は民衆の仕返しが恐ろしくなる。叛乱の動きが少しでも察せられれば、法の名のもとに、直ちに逮捕拘束し処刑するか収容施設で病死させるのである。

治安維持法は天皇裁可により最終的に成立するが、国体変革を計画しただけで実力行使はしていないのに死刑とは、天皇は過酷すぎる法案に裕仁と署名する時、憐憫を覚えた。

日本神国化と天皇絶対は法律だけでは完全にならない。文部省は、人間の心や考え方は幼少時から刷り込みしなくてはならないと考え、教育勅語を基に、純粋な子供心に小学校から天皇崇拝を教育し始めた。

各種戦争準備法は定まったが、中国との十年を超える闘いに疲弊した日本が対米英に開戦したところで本当に勝てるのか、昭和天皇は開戦を決める御前会議に先立ちドイツの戦局につき、海軍軍令部長、陸軍参謀総長と首相を参内させ、問い詰めた。

「五か月前にドイツがソ連に攻め込み、モスクワ陥落は間近と意気込んでいるようだが戦線は膠着しているとの報もある。参謀総長にドイツは本当にモスクワを陥落させられるという確信はあるのか？」

「兵は勢いと申しますが、破竹の勢いのドイツに勝算は十分にあると存じます」

「ナポレオンも冬がくる前にモスクワを陥落できなかったが、ヒットラーもそうなるのではないか。十一月になればモスクワには冬将軍が四月まで居座る。酷寒の戦場にヒットラーも作戦の立てようがない。ヒットラーに頼らず日本が単独でアメリカと闘うとなれば、海軍の闘いが勝敗を決めるであろう。軍令部長の見込みはどうか」

「仰せのとおり、対米戦は海軍が主となりますから、多くの軍艦を揃えて参りました。航空機も今は世界一であります。同盟国ドイツ海軍も優秀でございますから一年や二年は負けることはございません」

「ドイツ海軍などあてになるのか。ドイツ海軍には大型戦艦は僅か二隻しかない。まして航空母艦はないぞ」

「恐れながら、陛下。ドイツ海軍は世界一の潜水艦艦隊がございます」

「沿岸地域や海峡の島蔭に潜む小型潜水艦ばかりではないのか。闇討ちばかりで、昼間に正々堂々と姿を現し、敵と戦わないではないか……朕は、そのような姑息な海軍は好きにはなれぬ」

　天皇の対米非戦の意向を受けて、東條首相は外相に対米協調派の東郷茂徳を起用し関係修復を図ろうとした。しかしその東郷には真剣に対米協調する行動はみられなかった。アメリカの国務長官（外務大臣に相当）ハルが通告した外交文書、ハルノートに明記された、日本の中国やベトナムからの撤兵要求をみて、時期や対象地域或いは条件など日本の国益が少しでも守れるような反対提案を全権大使に訓令することもなく、あっさりと開戦に同意した。これでは、外相の職務遂行に熱意が感じられないことになりはしないか。

日本外務省は、ドイツの出先機関

戦後、戦争責任は陸・海軍にあり、外務省ではないとされてきた。確かに軍部が、平和外交を考えていた外務省を抑え込もうとしたのは事実である。

一九四〇年有田外相は〝国際情勢と帝国の立場〟と題し、これからの外交の重点は対独・伊になるとしても、不必要に英米を刺激することは必ずしも得策ではないと放送演説した。

これに激怒したのが、陸軍である。国策として日独伊三国同盟を決めたのに、陸海軍対外務省に不一致があるとの誤解を生じさせ、ひいてはアメリカに、日本の陸海軍は軟弱と思わせる。この演説案を作成した外務官僚を憲兵隊に事情聴取させた。外務省は陸海軍に謝罪し、陸軍は当該作成者を処罰せよとねじ込んだ。有田外務大臣は陸軍の要求通り、陸軍省に謝罪に行き、各新聞社に陸海軍・外務省に不一致がないことを記事にし、決着した。

この成り行きを見守っていたのが昭和天皇実録である。実録とは、百年先二百年先に関係者が全て亡くなりその時代のことが分からなくなった時、後世の歴史学者に公式の歴史書として天皇の業績を示す狙いもある。天皇に対する陸軍の横暴を印象づけようとしたのであろうか。

有田外相は更迭され、後任は唯我独尊の松岡になった。松岡の下で省内を主導したのは対米強硬派と、ドイツ傾斜派であった。外務省内ドイツ傾斜派のトップは松岡外相であるが、松岡は大島浩駐独大使をして周辺国大使・公使の監督権限を与えた。これにより、欧州在外公館から東京の外務大臣宛ての公電は全て大島大使のチェックを受け、親独でない報告は大島から叱責されたことから、外務省もヒットラーと欧州情勢の分析を完全に見誤るようになっていく。ルーマニア筒井公使の証言によれば、**「バルカンに親独的でない日本外交官がいるとドイツから苦情があった。注意ありたし」**と一流国家の外務省から従属国家のような公電が届けられた。（注⑱）

この事が天皇に内奏された一九四一年、天皇はついに松岡外務大臣を更迭する他なしと判断、近衛総理に松岡外相の辞職願いを提出させるよう密かに命じた。

しかし、帝国憲法には総理大臣の閣僚罷免権はなかった。なぜ、このような憲法にしたのか。総理大臣が天皇に次ぐ強力な行政権力を掌握すると天皇を追いやることを、天皇に近い者達は警戒したからだとの説もある。

いずれにしても、ドイツに盲従し戦争に向かうような、危険極まる松岡外相を辞任させるには、第二次近衛内閣の総辞職ほかなかった。天皇の意向に依って松岡のみ排除した、第三次近衛内閣が七月に発足したのは、真珠湾攻撃のわずか五か月前であった。アメリカと戦争という国家の巨大な歯車は回り始めており、それを止めるには、もはや遅過ぎたのである。

松岡外相が排除されても、外務省がなおドイツ政府の声明を鵜呑みにしていたのは、外務省の政策を実質的に固めていく局長クラスが情報操作していたとみて良いであろう。在外公館から三国同盟や政策等を問題視する公電は握り潰されていた。陸軍も同様である。

既にベルリンの駐独大使館と日本の外務省は、ドイツの出先機関のようなものになっていた。

戦後、極東軍事裁判でA級戦犯と判決されたのは、陸海軍人は当然であるが、三人の外務大臣経験者がいた。松岡、広田、東郷である。松岡と広田は軍人たちと同じように戦争を積極的に導いた罪である。東郷の責任とされたのは、日米開戦にならないように日米交渉を続けさせるべきところ、ハルノートを提出されるや、あっさり交渉を打ち切り戦争に向かったことに戦争開始責任ありと認定されたが、東條の対アジア植民地政策と対立し外相を辞任したことから、A級戦犯ではあるが死刑でなく、懲役二十年の情状酌量的な判決になった。

ゾルゲ諜報団の逮捕と処刑

一九四一年十月、開戦の二ヶ月前にコミンテルン派遣のスパイ　リヒャルト・ゾルゲと協力者達が逮捕された。現在よりも遥かに外人が少ない時代に、髪の毛も目の色も違う外人が、戦争の機運が高まりつつある時、直接日本軍や政界トップに情報を獲りに近寄れるわけがない。この外人は何者なのかと警戒されるだけである。手先に使われたのは、取り調べの時、自ら共産主義者と自供した尾崎秀実で、機密情報に触れる近衛文麿首相の中国問題担当ブレーンであった。その尾崎をゾルゲに紹介したのが、アメリカ人女流作家で長く中国に住み小説や新聞記事を書いていた、アグネス・スメドレーである。スメドレーはアメリカ共産党員だったとされている。

日本を捨てて自由の国アメリカに移民した日本人が、人種差別され仕事も生活もできなくなり、日本もアメリカも嫌い、ソ連に憧憬しアメリカ共産党員になった宮城与徳や北林トモが日本に戻り、ゾルゲの諜報団に密かに送りこまれていた。コミンテルンが植えつけた各国共産党の中で最も成功したのはアメリカ共産党であったろう。アメリカ政府の中枢にまでコミンテルンのエージェントが潜り込んでいたのが露見し、ローゼンバーグ夫妻を始めとして共産主義者を国家反逆罪で次々に処刑してゆくのは戦後になってからである。これを主導したのは、反共政治家マッカーシー上院議員である。

ゾルゲと尾崎は治安維持法違反で死刑に処せられたが、共産主義に殉じた者として、その一命はソ連革命記念日に捧げることにされた。司法当局は、せめてもの名誉ある死を与える温情にしたかったのであろう。処刑の前に言い残したゾルゲの最後の言葉は日本語で、〝ソ連赤軍万歳、コミンテルン万歳〟だった、と言われている。

ゾルゲがソ連に流した百通を超える極秘電報の中で、最もソ連の利益になったのは、日本軍が目指す侵攻地域であった。三国同盟締結により、ドイツは日本に何度もソ連攻撃を懇請していたが、ソ連に攻撃はせず、ボルネオ・ジャワ・インドネシアに向かうという〝帝国国策遂行要領〟であった。ソ連はこの情報の出所は天皇の御前会議という国家の最高機関であったから、ソ連参謀本部長は歓喜し、大兵力をレーニングラードに転出できた。その大兵力は先年のノモンハン事件で日本軍に痛めつけられた教訓から満州国境沿いに備置していた百万の将兵と最新型戦車隊等である。そこから数十万の精強な兵と戦車や大口径砲などを日本軍に気づかれないよう夜間にシベリア鉄道で輸送し、レーニングラード増援軍に配置換えした。このソ連最強の大軍隊の出現でモスクワまであと十数Ｋｍに迫っていたドイツ軍の猛攻をはねのけた。

もし、ソ連が満州からモスクワ・レーニングラード増援軍を送れなかったら、レーニングラードは陥落し、隣接する首都モスクワはドイツに包囲され親独仮政府が発足したであろう。そうなれば、アメリカはソ連緊急支援のため、反日政策をやめ背後から攻撃されないように日米友好条約を締結し、米太平洋艦隊をバルチック海や黒海に回さざるを得なかったであろう。太平洋艦隊がハワイからいなくなれば、真珠湾攻撃もありえなかった。

開戦詔書の事前審議始まる

しかし現実は、日本海軍が最初の攻撃地に選んだのは、アメリカ太平洋艦隊の根拠地ハワイであった。攻撃開始を天皇が裁可したのは、四一年九月六日の御前会議とされている。そこでの決定とは、

一、（大日本）帝国は自存自衛を全うするため、対米戦争を辞せざる決意のもとに、概ね十月下旬を目途とし戦争準備を完整す

二、帝国は右に平行して米英に対し外交の手段を尽くして帝国の要求貫徹に努む

三、前号外交に拠り十月上旬に至るもなお我が要求を貫徹し得る目途なき場合に於いては対米開戦を決意す

これは戦争に向かう重大な決定になるだけに、天皇は真剣になり、

「外交が主なのか、戦争が主になるのか」と大声で質した。

陸海軍の作戦を指揮する参謀総長と軍令総長はぬけぬけと、

「重点は外交にあります」と天皇を安心させた。このように天皇を欺く重大な欺瞞が平然とできなく

ては、軍部のトップに成り上がれない。期限内に日本の要求が貫徹されなければ、戦争をするのであるから戦争が主であることは明らかである。

外交とは相手国の主張との折り合いであり、双方が交渉中において要求貫徹できなければ戦争するとは余りに一方的に過ぎる。期限内にまとまらなければ、要求を替えて交渉やり直しにするか、冷却期間を設け再交渉になるのが常識であろう。これでは、外交の名を借りた欺瞞攻撃になる。

十一月三日、海軍の全作戦を執り仕切る永野軍令部総長は天皇に対米戦開始は十二月八日と上奏した。ここに至っては天皇に差し戻しは出来なかった。

この上奏文は国家の最高機密文書となるだけに、終戦と共に焼却され、奇しくも残っている上奏文は十一月八日付〝大本営陸軍部参密第四三八號第一〟であった。その発信者は海軍軍令部総長と陸軍参謀総長の両名であり、宛先は天皇宛軍事文書を取り仕切る、陸軍侍従武官長である。日本の運命を賭けた上奏文の内容は、

「（前略）**第一航空艦隊司令長官の率いる航空母艦六隻を基幹とする機動部隊を以ちまして、ハワイ在泊中の敵主力艦隊を空襲致します。**（中略）**ハワイ北方より近接し、日の出一、二時間前「オアフ島北方約二百浬付近にて全搭載機約四百機を発進せしめ碇泊中の航空母艦、戦艦並に所在航空機を目標として奇襲攻撃を加ふる計画でございます。**」（原文はカタカナ文。以下フィリピン・マレー・香港等々の陸軍による攻撃作戦が続くが略。海軍と陸軍は同一日同一時間に戦闘を開始する）（注⑲）

天皇が好まざるに関わらず、日本陸海軍が対米英出撃準備を入念に始めていることを知らされたが、軍の最高司令官たる天皇は差し止めることなく裁可した。この事実は天皇に戦争責任は免れないとする証跡ではないかとされている。

同じ十一月、戦争開始が翌月に迫り、外務省の戦争準備はアメリカ局長が内閣書記官長、陸海軍軍務局長等と共に〝宣戦詔書案〟を審議していた。大臣決裁書は公開されていないが、審議結果を速やかに上長の次官や外務大臣に報告したはずである。国家の最重要事である〝宣戦詔書案〟を外務省では局長止まりで天皇には内奏しなかったでは、天皇を無視したことになり、天皇を補佐する官僚制が成り立たない。

十一月下旬には完成していた〝宣戦詔書〟を天皇が国民に渙発したのは、米艦船や航空機の爆撃から約九時間後の十二月八日十一時四五分頃であった。軍部にはこの宣戦詔書渙発は必須のものである。なぜなら、軍事・外交他全ての最高権限を有する天皇の詔書なしには、冷静な国民の眼には、軍部の勝手な戦闘行為ではないかと疑われるからである。軍部としては何としても欲しかった、開戦詔書とは、

「天佑を保有し、万世一系の皇位を践める大日本帝国天皇は、昭に忠誠勇武なる汝、有衆に示す。朕、茲に米国及び英国に対して戦いを宣す。朕が陸海将兵は全力を奮って交戦に従事し、朕が百僚有司は励精職務を奉行し、朕が衆庶は各々其の本分を尽くし、億兆心を一にして国家の総力を挙げて、

征戦の目的を達成するに遺算なからんことを期せよ」と、ここまでは軍部の意向に沿って、兵士・官僚・庶民に至るまで叱咤激励している。しかし、天皇の本心として、

「今や不幸にして米英両国と戦端を開くに至る。誠に已むを得ざるものあり。豈、朕が志ならんや（後略）」と抵抗している。

出だしは勇ましかったが、苦渋の裁決なのだと逃げがある。これに気づいた侍従武官長等は天皇にこれは削除してくれるよう懇請したが、頑として譲らなかった。国際法上の宣戦に関わる手続はどうしたのか、あいまい模糊とした詔書であった。対米戦に本当に勝てるのか最後まで不安であった天皇は、万一敗戦となれば大元帥である天皇への戦争責任追及は必至となるだけに、それを回避する文言を入れた公文書にしたとみるのは筆者だけであろうか。

十二月一日午前九時、東條首相は臨時閣議を開催、明日二日の御前会議の決定を以て閣議決定とみなすことにした。御前会議の決定に異を唱える閣僚がいないことを承知した上で、戦争決定は東條内閣による閣議ではない。天皇臨席の御前会議であると、東條首相も又巧妙に決定責任の回避をしたのである。

その日午後二時からの御前会議で、東條総理は、米国との国交改善に努めたが、米国は日本軍の中国からの全面撤退、汪兆銘政府の否認、日独伊三国同盟の無効化などを要求したことは日本の国策に全く反する。ここに至っては、日本は自存自衛のため、米英に対し開戦やむなしと報告した。続いて

外相は日米交渉の詳細を、参謀総長・軍令部総長は勝算の見込みを報告した。若干の質疑応答のあと、天皇は開戦決定することの上奏を裁可した。

十二月二日、参謀総長・軍令部総長は対米英への攻撃開始日は十二月八日を予定していることを天皇に奏上した。上奏は、天皇の承認が必要であるが、奏上は報告にとどまり承認は不要になる。天皇は、報告形式で戦争開始日とその時間を事前に知らされていた。

日本の真珠湾攻撃と開戦責任

日本の歴史に汚点を残すことになった宣戦に関わる国際法違反行為、即ち宣戦布告前の戦闘開始は一九四一年十二月八日午前八時(日本時間)、ハワイ真珠湾に停泊中の米太平洋艦隊奇襲攻撃であった。ワシントンの駐米大使館には、外務省よりワシントン時間七日午後一時に必ず手交せよ、と時間指定され、暗号で送られる最後通牒を解読しタイプ打ちする工数確保が最重要と訓令されていた。まともな外交官なら日米関係が緊迫している中、最重要な機密電報とは何を意味するか、わからないわけがない。それにも関わらず、その前夜に一三部まで暗号解読を済ませたからタイプ打ちの清書は明日午前中にすれば良いと楽観し、深夜まで大使館員寺崎英成の異動送別会を行った。翌朝は二日酔いになっていたのか、結論となる第一四部の暗号解読と清書作業は遅々として進まず、当日の真珠湾攻撃が開始される一時間前、即ちワシントン時間一三時にハル国務長官に手交することの外務省訓令は守れず、国務長官への手交は攻撃がほぼ終了した一時間後の事後通告となった。これは、本件に関する責任者であった井口参事官や奥村一等書記官等現地大使館スタッフの大失態になるのではないだろうか。

その時、アメリカ側の対応はどうであったか。歴史学者のゴードン・プランゲ（Gordon William Prange）博士の著作を脚本した、日米合作映画「トラ！トラ！トラ！」では野村特命全権大使からハル国務長官に対米戦争通告書を手交する場面がある。アメリカの外務大臣相当職は国務長官である。通告書を一読したあと、ハルは、

「私の半世紀に及ぶ外交官の歴史でこれほど虚偽に満ちた恥ずべき文書は見たことがない」とコメントした。この映画の日本版には不可解なところがあった。ハル国務長官は最後通牒の内容について、〝これほど虚偽に満ちた恥ずべき文書〟とは何のことを言っているのか、ハルの説明は日本版ではカットされ無視されていたのである。

対米戦争通告書とは、何であったか。外務省は外交文書としては最後通牒のことだとしているが、その最後通牒の結論とするところは、

〝帝国政府は合衆国政府の態度に鑑み、今後交渉を継続するも、妥結に達するを得ずと認める他なし

と通告するを遺憾とするものなり〟であった。これでは交渉断絶を通告するのは遺憾です、と通告しただけである。最も肝心な、これから日本はどうする考えでいるかは一切書かれていない。

この最後通牒を受けた、ハル国務長官は野村大使に説明を求めていたであろう。しかし現実は二時間前に日本による一方的な戦闘開始がされており、一時間前に米国太平洋艦隊がほぼ全滅させられ、将兵に千六百名を超える戦死者があったことの報告を受けていた。

ハルはこの時、二つの問題を指摘した。一つは通告の遅れである。もう一つは最後通牒の内容である。外国との交渉断絶は必ずしも戦争ではない。もしそうであれば、現在の日本は北朝鮮と何度も交渉断絶したから何度も戦争をしていることになる。通常、外交交渉断絶は一定の冷却期間、それで改善されなければ国交断絶、大使館閉鎖、外交官引き揚げ、最後通牒、宣戦布告のプロセスが正しい。

実は最後通告の原案では、

〝交渉を打ち切り、将来発生する一切の事態については、合衆国政府に於いてその責めに任ずべきことを合衆国政府に厳粛に通告する〟であった。（注⑳）この削除された原文で最も重要な語句は〝将来発生すべき一切の事態に付いては合衆国政府がその責に任ずべき〟である。一切の事態とは戦闘状態も含むとするのが外交文書の慣例的解釈になる。

この肝心なところを意図的に削除したことにより、ハル国務長官は「このような虚偽に満ちた日本政府の正式文書は五十年にわたる公職で、見たことがない」と日本の大使に回答したとアメリカ外交史に記録され、日本は卑怯な外交をする国にされてしまった。

なぜ戦闘状態になることを示唆しなかったのか。海軍作戦部は真珠湾の島々に米陸軍の航空基地が構築されていることをスパイから報告されていた。その基地からガソリンタンクを満タンにした全ての防衛戦闘機数百機が既に稼働していたレーダーによる索敵情報を得て、ハワイの真珠湾侵入の前にある高山の山影に隠れ、待ち構えていたら日本機は全て背後から返り討ちにされるか、ハワイ上空に到達するまでに航空母艦から約400kmも飛行し、ガソリンを三割以上も消費し、一トン魚雷を抱えて動きの鈍い日本の攻撃隊は、アメリカの戦闘機隊を振り切れずに海上に不時着するか、アメリカの送り狼に日本の空母群が発見され、撃沈される最悪の事態も懸念していたであろう。そうならないよう通告を遅らせ攻撃意図も書かず、不意打ちしたかったのではないか。

日本の数十隻からなる大艦隊は一か月も前に択捉島から出撃していたが、知らぬ顔で日米関係改善交渉を継続させ、まさか突然真珠湾に襲い掛かってくるとは思わせないように油断させていた。これは、米法が重視する反倫理的〝事前共同謀議罪〟とみなされ重罪になる。後の極東軍事裁判で米国検事から、日本軍はいつから戦闘準備を始め、しかし外務省は知らぬ顔で欺瞞的な外交交渉をしていたのかと、厳しく追及されることになる。

外務省幹部にも米国との開戦を強硬に主張するものがいたのは事実である。アメリカを油断させ、初戦大勝利を狙うことに軍部と外務省に暗黙の了解があり、事前通告を遅らせたと著者は推測する。

その騙し打ちの結果、太平洋艦隊の大半を沈めたことで軍事的には大成功を収めたが、国際法上では日本も一九一二年に批准した、〝開戦に関する条約〟を外務省は結果的に無視したことになった。昨今、外務省の大使経験者がその著書で、〝当時は宣戦布告なしの開戦は普通に行われた〟と書いている。もしかすると、一九一二年に日本も批准し発効した〝開戦に関する条約〟があることをご存じなかったのではないだろうか。それとも国際法など無視して良かったのだと言われるのだろうか。

その開戦に関する条約とは、

第一条、締約国は理由を付したる開戦宣言の形式、または条件付開戦宣言を含む最後通牒の形式を有する、明瞭かつ事前の通告なくして、其の相互間に戦争（hostility）を開始すべからざることを承認す、と明記されている。

天皇の開戦詔書を国民に示したのは真珠湾攻撃から数時間後である。

日本の運命を大きく狂わせ、日本の歴史に汚点を残した十二月七日から八日に何があったのか、「昭和天皇実録」に書かれた天皇と日米トップの行動から詳しく検証したい。

十二月七日零時二十分（ワシントン時間六日午前十時二十分）最後通牒全十四部中十三部までワシントンの日本大使館あてに東京の民間電報局より発信された。

運命の日十二月八日の幕開けは早かった。

午前零時十五分、米大統領からの至急電を受けた米国大使グルーが東郷外相官邸を訪問し、行き詰まった日米交渉を打開するため大統領と天皇によるトップ交渉をしたいという天皇宛ての親書を手交するため、大統領の代理人として天皇への拝謁を願い出た。東郷は親書を預かり、グルーを見送った。

米大統領からの至急電による親書が深夜になったのは、東京の電報局が意図的に遅らせたからとの説がある。当時東京もワシントンも大使館内に受・発信装置の設置は認めず、民間の電報局経由であったから意図的に配達を遅らせることができた。且つ文面は第三者に見られるから暗号であり、大使館電信官による解読にも時間が必要であった。

午前二時五十分、天皇は冬の寒い暗闇のなか、何かを待っているかのように起床し、海軍大元帥の軍装に身を正す。

午前二時五十五分（戦闘開始時間をどう見るかには諸説がある。戦闘部隊が攻撃のためアメリカ領空を侵犯した時か、米軍の対空砲で撃墜されないように日本の戦闘機が上空から機銃掃射した時か、そのあと爆弾を投下した時か、数十発の最初の爆弾が艦船に命中し損害や戦死者がでた時か戦闘行為の解釈の違いがある）。爆弾を投下した時とすれば、それはハワイ時間七日午前七時五十五分になる。

午前四時二十六分（日本時間。ワシントン時間は七日午後二時二十六分）攻撃開始から一時間後に、特命全権大使野村より米国国務長官ハルに最後通牒が手交された。ハルは既に真珠湾が突然攻撃され、甚大な損害を受けたことの報告を受けていた。

午前四時三十分頃海軍省軍務局長より、外務大臣に攻撃成功と電話で報告。外務大臣も開戦日は寝させてもらえなかった。天皇に、攻撃成功の上奏は外相報告以前であったことは当然のことと思うが、天皇実録ではなぜか明らかにされていない。

午前六時、大本営は電話で日本放送協会をして全国にラジオで緊急放送をさせた。勿論事前に放送準備を要請した上でのことである。

〝臨時ニュースを申し上げます。大本営陸海軍部十二月八日午前六時発表。帝国陸海軍は本八日未明、西太平洋において米英軍と戦闘状態に入れり〟これだけが復唱された。そして肝心な天皇の意志を示す、開戦詔書の布告はさらに数時間後である。

日本海軍の空母六隻から出撃した合計約三百六十の艦上爆機と艦上攻撃機から爆弾と魚雷攻撃、更に戦闘機による機銃掃射は米海軍の戦艦や戦闘機等を破壊し、米国民間人を含め約二千四百名もの戦死者を出した。Ｒｅｍｅｍｂｅｒ　Ｐｅａｒｌ　Ｈａｒｂｏｕｒ（真珠湾攻撃を忘れるな）と全てのアメリカ人に日本を憎悪させることになり、二発の原爆や東京大空襲等で婦女子を含む日本人非戦闘員大虐殺に痛みを感じさせなくしてしまった。

さらに帝国陸軍による英国領マラヤ（現在のマレーシア）への上陸と英陸軍への戦闘は真珠湾攻撃よりも約一時間早かった。何故か。これは、真珠湾が攻撃されたことを英国が知らされた時には、英国軍アジア本拠地シンガポールも攻撃されると察知し、日本軍上陸阻止態勢を取られる。日本軍に多大の犠牲者がでることを回避するべく、一刻も早く敵が無防備な内に先制攻撃し、勝利したかった。

英国にも事前の最後通牒はなかったことは、日英間でこれまで積み重ねてきた信義を踏みにじる卑怯な行為として英国女王の怒りを買い、天皇に贈呈した英国最高ガーター勲章の返還要求をされることになった。

それから六〇年も経過した二〇〇一年九月のオサマビンラディンによる世界貿易センタービル自爆攻撃は、第二のパールハーバーだ、カミカゼ自爆攻撃だとアメリカ中のＴＶや新聞は、一九四一年十二月七日と二〇〇一年九月十一日はアメリカが汚辱された日だと繰り返し報道した。

日本海海戦大勝利以来、栄光の帝国海軍は最後通牒の遅れで、イスラムテロリストの攻撃と同じにされてしまったのである。軍部が主導し、天皇の官僚たる外務省が仕切った開戦に関わる外交は日本の歴史に今なお残る大きな汚点を残したと言ったら、言い過ぎになろうか。

実は日本の名誉を守る外交手段があったのである。前述した、グルー大使が午前零時十五分に東郷外相官邸を訪問した絶好の機会に大使を逃がさず、「深夜で着替えに時間がかかるから、お茶を飲んでしばらくお待ちください」と一時間ほど待たせて宣戦布告文を渡せば良かった。グルー大使が米大使館にあわてて帰り、東京からワシントンの大統領に緊急報告し、大統領から米陸・海軍長官に迎撃準備せよと命令し、真珠湾の米陸海軍の迎撃準備完了に一時間では絶対間に合わないことを外務省は陸海軍に説明し、了解を得ておけば良かったのである。

グルー大使は〝東郷は階下の玄関まで送ってくれたが、二時間後の真珠湾攻撃について何も言わなかった〟と東郷に不信の言を残している。（注㉑）

グルーは、天皇の戦犯回避に大変な努力をした親日家である。もし、東郷がアメリカ代表のグルーに宣戦布告の機密情報を一言ほのめかしていれば、東郷の後世に残る汚名、即ちA級戦犯懲役二十年の判決はなかったと思うのである。

日本の真珠湾攻撃から約四年後の一九四五年八月八日、ソ連の対日宣戦布告はたった一時間前であったが間違いなく事前通告であり、外交上のソ連の名誉を守った。ソ連外務人民委員（外務大臣に相当）モロトフは、八日の午後十一時に佐藤尚武大使を呼び、ソ連は明日九日より、日本と交戦する〟と対日宣戦布告書〟を手交した。佐藤大使は九日の何時から交戦になるかと尋ねると、モロトフは平然として、

「聞かされていないが、時間軸では九日は一時間後に始まる」と答えた。事実九日零時一分にソ連は満州に攻撃を開始したのである。

コミンテルンは目的を達成し偽装解散

一九四三年スターリンは、コミンテルンが当初の目的であった世界各国で共産党を立ち上げ、共産勢力が根を張ることの目的を達したことから、コミンテルンを偽装解散させた。

ソ連は、英米仏他からソ連が敵視されかねない危険な組織コミンテルン、即ち世界共産革命活動を一時的に凍結する必要があると判断したからであったが、コミンテルンは解散されたあと、コミンフォルムと名前を変えて密かに存続していく。

また首都モスクワやその前線となるレーニングラードを死守するため連合国、とりわけ米国から強力な兵器の供与をしてもらう必要にも迫られていた。この情勢を踏まえてスターリンは資本主義大国間の争いに乗じ、英米仏は民主的として友好関係を深め、日独伊はファシズム国家として敵対していくことに方針転換する。又、密かにルーズベルト大統領のスタッフに送り込んでいたアメリカ共産党のスパイが露見されそうになっており、コミンテルンの影を消したかったこともある。

米大統領のスタッフの中には、対日方針案を過酷なものにしていることは日本を戦争に追い込むことになると危惧する国務省の良識派がいた。良識派にはなぜそこまで日本を追い込むのか、不審に思っていた。

米国の復讐、日本本土初空襲

開戦から半年は英米に対して日本の大勝が続き、国民は勝利の美酒に酔っていた。しかし、米海軍の報復作戦は始まっていた。日本が空母群によりハワイ真珠湾に停泊する米太平洋艦隊をほぼ撃滅させた報復として、アメリカは米空母からいきなり日本本土爆撃を決行する。

真珠湾攻撃からわずか四か月後にアメリカは日本本土に空爆を始めた。一九四二年四月十八日、房総沖に忍び寄ってきた二隻の米空母は、警戒していた日本の漁船改造哨戒艇数隻に発見された。すかさず、護衛の米駆逐艦と戦闘機は数十発の砲弾を浴びせた。瀕死の漁船員は任務を全うし、「敵空母二隻、駆逐艦三隻日本に向かう。現在地は北緯〇〇、東経✖✖✖」と位置と時間と哨戒艇名を打電し、哨戒艇乗員は全員戦死した。

発見との通報がされた米海軍は迎撃されないよう予定を早め、空母に搭載できた最大数十六機の中型爆撃機B25を発進させ、鹿島灘・茨城・房総半島・相模湾等の各侵入ルートからそれぞれの目標としていた東京、川崎、横須賀、名古屋、四日市、神戸にある軍事施設や工場を空爆し約百名の民間人を戦死させた。十六機は中国やウラジオストックに逃れ、連合国に大きな宣伝となった。

初の日本本土爆撃で多数の犠牲者を出したことに、天皇は東久邇宮防衛総司令官に戦況と対策を報告せよと命じた。

「陛下、率直に申し上げますが、十六の敵機に対して実は一機も撃墜しておりませぬ。それどころか多数の軍事施設と工場が爆撃され、多くの犠牲者を出しております。今の防衛体制では、陸海軍がてんでバラバラに刀を振り回すようなものでございます。陸軍パイロットは海軍零戦を見ておりますが、海軍パイロットは最新戦闘機の飛燕を知らず、又陸軍機は胴体に日の丸を描いていないことから飛燕を米軍護衛戦闘機と誤認しあわや同士討ちになるところでございました。地上からは敵機と味方機の区別もできず同士討ちの射撃もする有様です。このままでは有効な本土防衛はおぼつかないと危惧する次第であります」

「本土防衛体制は陸軍だけでは不可能であることが良く分かった。海軍にも本土防衛をよく検討するよう伝えよ」と天皇は命じた。

戦争をしているからには皇居や大本営を始め本土防衛は最重要であり、真珠湾攻撃に先立つ十一年も前の海軍大演習で、**航空母艦赤城搭載機による横須賀軍港空襲の模様を御覧になり、海軍軍令部長及び統監部員より戦況奏上をお聞きになる。**（注㉒）

参謀本部はこの結果に基づき、作戦（対外戦）計画と国土防衛計画を毎年見直し天皇に上奏、裁可を得てその整備予算を獲得した。しかし整備計画は参謀たちの机上の空論、作文でしかなかった。開戦したからには、米国はどこからどうやって攻撃してくるか研究し、その防御を急ぎ充実しなくてはならないのに、何ら防衛態勢の強化もなく、まんまと帝都や名古屋・神戸上空にまで侵入爆撃されても、一機も撃墜できなかったが、参謀たちは誰もその責任をとらなかった。半ば皮肉のように、満州国皇帝溥儀から天皇宛に見舞電が届くのである。

毎日戦況を詳しく報告させ推移を注視していたのは、天皇ばかりではなかった。溥儀はぼんくらでも傀儡でもなく戦況をよく知っていた。

連合艦隊司令長官山本五十六に米軍機による本土空襲が伝えられた。山本は、

「海岸線が長い日本は海のどこからでも攻撃される。しかも陸地が狭く、広い空き地は少ない。これでは、幾重にも深く陣地を構築した本土防衛線は築けない。攻撃を最大の防御にする他ない」と真珠湾攻撃に続き、海軍の最精鋭四隻の空母を動員し、アメリカ空母艦隊を一気に撃滅せんとするミッドウェー大海戦を展開した。

しかしこれが大敗となり、精鋭の四隻もの空母を全て失ったばかりか、育成に何年もかかる戦闘機や爆撃機搭乗員の多くを戦死させ、戦力を著しく劣化させてしまった。天皇には衝撃的な事実であったが、気を取り直し〝士気沮喪なく一層良く戦うよう〟命じた。しかしこのあとは一度も米国海軍に勝利できず、敗戦に向かうことになってゆく。

弟の高松宮、天皇に終戦を直言

一九四三年の大晦日が過ぎ、新年を迎える宮中に空襲警報が発令され、天皇・皇后ともども御文庫地下室に避難するという容易ならざる事態から一九四四年は始まった。戦局は少しも好転しないどころか、大きな負け戦が続いていた。

大局的に戦争の成り行きを見られる海軍高級参謀の地位にいた弟の高松宮は、戦局は日ごとに悪化していることを何度となく兄の天皇に報告した。天皇は、

「総責任者である東條陸軍参謀総長兼陸軍大臣兼首相からは、高松宮が申すような報告は聞いていない。責任を問われない者が責任を問われる者達をさておいて、意見を述べることは不適切である」と言い放った。天皇の容易ならざる東條への肩入れを聞いた高松宮はまず兄の秩父宮に、陛下に東條を盲信しないよう諫言することを頼んだ。しかし病気療養中で軍務を離れていた、秩父宮は兄の天皇に物申す強い気力はなかった。思い悩んだ高松宮は、七月八日信頼していた木戸内相、松平宮内省、百武侍従長の三人に意見した。

「陛下のご性質上、組織が動いている時は邪なことがお嫌いなれば、筋を通すという長所はあるが、

組織が機能しなくなるとそれは短所になる。（注㉓）

この天皇親裁システム批判とも聞き取れる高松宮の直截な発言は天皇に密かに伝えられた。重なる弟宮の直言を嫌がり、以後対面を許さなくなった。

天皇には日本史の御進講がある。古代の天皇に兄弟確執から兄天皇を追放し、その地位を簒奪した皇弟がいたことを知らされたことを思い起こし、兄弟仲は冷たくなっていった。加えて戦地に向かった皇族軍人たちに戦死が相次ぎ、このあとの天皇退位論に繋がってゆく。

一九四四年七月、日本の絶対本土防衛線としていた、サイパン島が陥落した。爆撃機を護衛する戦闘機は、爆撃機より航続距離がかなり短い。しかしサイパンから発進し、B29爆撃機を直接援護できるようになったことは、B29搭乗員に日本機に撃墜される不安を払拭させた。B29は高度を下げても護衛機にしっかり守られ、偽装された日本の木製飛行機や高射砲等を見破り、隠された目標を確実に爆撃、日本壊滅を進めた。日本の主要都市から各地方都市に疎開した軍需工場は徹底的に破壊され、日本の敗戦は避けられなくなってゆく。

一九四四年九月九日、陸軍参謀総長は「大陸命第千百二十六号」で、

命令

一、左ノ部隊ヲ第三十二軍戦闘序列ニ編入ス

第三遊撃隊　第三十二軍司令官管理

第四遊撃隊　第三十二軍司令官管理

という陸軍命令を発した。（注㉔）

この遊撃隊とは正規軍ではなく非正規軍、すなわちゲリラ部隊を意味する。沖縄の戦場は山が多い地形であることから、山岳ゲリラ戦法を実戦で習得させれば、本土決戦に大いに役立つと考えたのである。この遊撃隊は十三歳以下で志願させた少年兵である。軍服を着せず、ボロボロの子供服を着させていれば米兵は避難民とみて、攻撃してこないと見込んだのであろう。少年ゲリラ兵を鍛え上げたのは、陸軍中野学校から派遣された筋金入りの下士官であった。

陸軍中野学校とはゲリラやスパイ等を専門に養成する秘密組織である。グァム島やフィリピンに横井軍曹や小野田少尉等を残置し、本国が降伏してもなおジャングルの中に潜みゲリラ戦を続けて敵を消耗させつつ、日本から正式軍の到来を待ち、最後に勝利しようとする遠大且つ強靭な秘密作戦があった。

翌四五年四月の沖縄戦では数十名の少年兵による米軍テントへの夜襲攻撃や偵察で、戦死者は数名で終わったが、皇国日本の本土決戦となれば、その程度で済むわけがない。外見上武器を持たず難民を装う少年兵に、米軍の警戒が緩く、戦果を上げられたとなれば、次は大戦果を狙い少女兵や腰の曲がった老人兵も組織、日本陸軍の指揮下に編入し、自爆攻撃させていたであろう。

現在のＩＳが命じた少女自爆テロを思わせる、異常な精神をもたらしたのは情におぼれやすい日本人の感性に食い込んだ新聞・雑誌のジャーナリズムの扇動があり、思想を取り締まる特高警察や平時の二倍以上に増員した憲兵隊による国民監視の厳しさに拠った。

〝進め一億総特攻だ、負けたら男は去勢され女は全てアメリカ人の性奴隷にされるぞ〟この狂気の報道に加えて、本土決戦になったら米兵を竹槍で突き殺せと訓練させられた女性たちは怯えた。竹槍が届く前に射殺されるではないか、とは口にだせなかった。サイパン島では、米軍に追い詰められ逃げ切れなかった女性達は崖の上から飛び込み自殺、それが大和撫子の鑑と報道されていた。

女性達は、近所に住む外務省嘱託の教授がハーバード大学に留学し、アメリカ人を良く知っていることを思い出し、どうすれば助かるのか尋ねてみた。教授は静かに話した。

「確かにアメリカには黒人奴隷制度があった。アフリカから黒人男女を奴隷船に積み込みアメリカに連れ込んだ歴史があります。中には白人奴隷主に子供を産まされた女性奴隷もいました。そこから日本女性を奴隷にするとの宣伝が作られたのでしょう」

教授の家で話を聞いていた女性たちは互いに顔を見合った。昨年まで大統領だった人の夫人の祖先はそうであったとの噂も昨年あった。まして当時は荒唐無稽の嘘と言い切れなかった。元教授は続けた。

「でもそれは、日本の明治維新の前に終わったのです。アメリカは、その制度は許されないと廃止したのです。全ての日本の若い女性は二千万近くいるでしょうか。でも安心してください。アメリカにとって最優先すべき、自国将兵を本国に帰還させる船が足りないのです。将兵の帰還を後回しにして、多くの日本女性を運ぶ輸送船など手配させるわけがない。それに日本とは全く違って、アメリカ女性は男性と平等で参政権があります。政治的意見も言うし、女性の人権意識が育っています。例え一部のアメリカの男達が望んだとしても、ハズバンドが日本人女性をセカンドワイフにすることを許すわけがない。アメリカ国内に日本人女性を囲う施設の設置など、キリスト教清教徒の女性たちが許すわけがないのです」

アメリカ人女性たちは日本人女性たちの味方をしてくれるかも知れないと、話を聞き終わった女性たちは一抹の安堵を得た。

しかしこの正論を、軍の報道機関になっていた新聞の投書欄に投稿したら憲兵や警察に通報され、敵国の宣伝をするスパイとして警察に逮捕・拷問されることは分かっていた。**米国との戦争が開始されると、外国人の行動監視を担当する警察部署はその警戒態勢をさらに強化し**（中略）**国民の生活思想をつぶさに監視し記録している。**（注㉕）

沖縄戦が敗勢になっていることを上奏された天皇は、沖縄に日本から逆上陸部隊を送り、米軍を撃退できないか、陸・海軍トップに下問した。海軍は最後まで温存していた旗艦大和以下数隻に、鹿児島沿海まで護衛戦闘機数機だけつけて沖縄戦海上特攻を見送った。

既に日本軍部は一億総玉砕で皇国本土を死守することを決定していた。一億総玉砕とは陸海軍の兵士総員ということではない。少年少女や老人達も徴兵し、戦闘・玉砕させるという破れかぶれのごとき作戦しかなかった。

時局は次第に敗戦が色濃くなる中、元首相であり天皇とは親戚関係にある近衛は、明治の元勲木戸孝允の孫にあたる内大臣の木戸と終戦の幕引きを話し合った。〝裕仁天皇にご退位いただき、明仁皇太子が天皇即位、成年になるまで高松宮を摂政とする構想である。

裕仁天皇に事前の説明も了解もないことであったが、天皇はこのことを密かに知り、高松宮に加え、一気に近衛への不信を強めた。

一九四五年二月、敗戦の兆しが強まるなか、モスクワ駐在武官がシベリア鉄道で東京参謀本部に欧州線の状況報告に向かう時、モスクワから満州に最新鋭のソ連の戦車が約七百両も鉄道輸送されているのを目撃し、ソ連は日本攻撃の準備をしていることを報告した。しかし参謀本部はこの報告を握り潰した。ソ連軍の猛攻を受け全滅する運命にある関東軍最前線部隊に、その時がくるまで戦死する恐怖感を持たせたくなかったのであろう。

敗戦で最も憂うべきは、共産革命

一九四五年二月になってようやく近衛は天皇に上奏を許された。

「敗戦は我国体の一大瑕瑾たるべきも、英米の世論は今日までのところ、国体の変更とまでは進み居らず。随って敗戦だけならば国体上はさまで憂うる必要なしと存じ候。国体護持の建前より最も憂うべきことは、敗戦に伴うて起ることあるべき共産革命に候」（注㉖）。言わんとすることは、日本に精鋭師団がある間に共産革命より日本を救うためにどうか非常のご勇断を以て終戦のご決断をということになろう。このあたりは、コミンテルン女スパイのアイノに続くスパイや工作員が日本に潜入していて共産革命に蹶起する機会を窺っている事を知っているかのようである。

天皇は聞き終わると、

「朕も、敗戦に伴う内乱と共産革命は何としても避けたいと深く念じておるが、もう一度戦果をあげてからでないと、日本帝国に利ある講和はできない」

「陛下、陸海軍は楽観論ばかり陛下に上奏致しておりますが、正直なところ連戦連敗を続けており、我が陸海軍に今後戦果をあげられるとは、とても思われません」

近衛は、陸軍の中堅幹部にも共産主義者がおり、敗戦による国家転覆を狙ってわざと悪戦を続けているのではないかとさえ危惧していたのである。近衛の直言によれば、

「少壮軍人の多数は我国体と共産主義は両立するものなりと信じ居り、（中略）**職業軍人の大部分は中流以下の家庭出身者にして、其の多くは共産的主張を受け入れ易き境遇にあり、また彼等は軍隊教育に於て国体観念だけは徹底的に叩き込まれ居るを以て、共産分子は国体と共産主義の両立論を以て彼らを引きずらんとしつつある」**（注㉗）と、軍人にも注意すべきことを天皇に上奏した。

天皇は二・二六事件の時の青年将校達の中に社会主義者がいたことを思い出していた。

近衛の洞察力は深く、ソ連コミンテルンにも言及した。

「最近のコミンテルンの偽装解散で、世界共産化の危機は去ったかと安易になっておりますが、ソ連が究極的に世界共産化を捨てないことはソ連周囲の諸国を見れば明瞭であります。ソ連邦に組み込むか、親ソ容共政府を樹立させていくのです。日本国内を見れば、生活の窮乏ひどく、労働者の不満は沸騰しております。情けないことに、鬼畜米英を煽った反動から、それならソ連はどうかと親ソ気分さえ生じております。共産革命に進む状況が日一日と成熟しているのを見ると、一日も早く戦争をやめるべきと確信する次第でございます。陛下、何卒ご決断を賜りたく」

それでも天皇は、

「今は何とかアメリカに一矢報いる必要に迫られているのだ」と、近衛の直言を封鎖した。近衛はつ

いに御前から退出せざるを得なかった。

天皇は、沖縄が陥落しても本土決戦で何とか五分の勝ちにして天皇制と明治憲法体制を維持したいのだ。なぜそれが分からぬのか、と和平を繰り返す高松宮や近衛とは会わなくなった。

五月下旬、何度目かの東京空襲で宮中会議場でもある、明治宮殿が焼失した。広島・長崎・名古屋等々日本の軍事拠点や軍需工場はB29爆撃機により徹底的に空爆されたが、日本の古都京都や皇居は空爆対象外であったから、明治宮殿の焼失は、近くにあった陸軍省建屋からの貰い火と言われている。

六月になってもなお絶望的戦争を継続し、空襲警報の都度退避させられていた。かび臭い、皇居内地下防空壕から、空襲がなく青い空が見える安全な軽井沢に疎開されるよう、母の貞明皇太后に勧めた。

軽井沢には中立国のスイス、同盟国の独、伊他多くの外交団が疎開しており、スイスをして連合国に軽井沢は空爆しないように要請していた故に、軽井沢は空爆されない聖域であった。しかし節子皇太后は「自分は疎開しない。ここで死ぬ」と覚悟を表した。（注㉘）

これを聞かされた天皇は、皇国を潰した責任を、皇居で母は死ぬことで皇祖にお詫びするつもりなのかと察し、あまりのショックに寝込むことになった。

回復した天皇はついに終戦の覚悟を固めた。終戦とソフトに表現しても敗戦に変わりはない。全て失うことをあまりに恐れる昭和天皇を見て母の節子皇太后は、

「裕仁よ、心配しなくて良い。海外領土などまるでなかった、明治大帝の御世の始まりに戻るだけだ」となだめたとされる。

天皇は、一億総特攻で敵を撃滅せよと洗脳された将兵の精神を真逆に切り替えるには、まず陸軍幹部たちに信頼厚い阿南陸相を変えねばならないことを痛切に感じていた。阿南を宮中に呼び、「阿南よ、心配するな。ポツダム宣言が明示せずとも天皇制を維持できることに、朕は確証がある」と母が子をなだめるように、天皇は優しく阿南をなだめた。この確証はどこから来ているのか、明らかにされてないが戦争中も皇居内で密かに受信していた、ローマ法王庁の短波放送であったろう。

このあと陸軍はポツダム宣言受諾に執拗な抵抗をみせる。軍部を暴発させないよう、天皇が破滅に向かう日本を救うため、いかに苦慮して矛を収めさせたか、日本の歴史で最も重要なところなので、次章で詳しく論ずることにして、日本史上初めてとなる日本降伏に話を進める。

◎第三部　注釈

①と③「イスラム国の内部へ」　ユルゲン・トーデンヘーファー著　P146　241
我々は自分たちをISとして見ている。我々はある種の権力を持っていて、それを我々の地域や我々が征服した地域に適用する。イスラームが指示するすべての法が適用される。ある場合はイスラームは、ムスリム以外の人間を奴隷にすることを許している。（中略）キリスト教徒の場合はジズヤ（ISの税金）を払ってイスラームを受け入れるか、仕方なく殺されるかの選択肢だ。後者の場合、その妻は奴隷にされる。（中略）五〇〇〇人ぐらいのIS戦闘員が、人口約二〇〇万人を擁するこの都市を支配している。二万人以上のイラク兵士、つまり二個師団を壊走させるのに、四〇〇人に満たないIS戦闘員で十分だった。

②「中学生に教えたい日本と中国本当の歴史」黄　文雄著　P171
建国前の満州は、匪賊が跋扈する土地であり、張作霖・張学良親子による住民搾取の暗黒社会でした。（中略）そもそも満州の住民は原住民を除けば、全員が馬賊、匪賊とその家族、子孫でした。農民も生活に窮すれば、馬賊の群れに加わり、周辺の農村を襲撃していました。

④「生きる為の選択」パク・ヨンミ著　P169

母とパンを盗んだ北朝鮮女性は、ホンウェイという名で知られる人身売買業界のボスに売られた。北朝鮮女性の花嫁売買を専門にしている業者には階層があって（中略）ホンウェーは中国の最多民族である漢族の男で、朝鮮語は全く話せなかった。

⑤「昭和史裁判」半藤一利・加藤陽子共著　P291

⑥「大英帝国の親日派」アントニーベスト著　P132

ロンドンで大使になった重光はハリファックスやバトラーとの会談で、しばしば他の国に対するソ連の脅威を強調し、非共産国間の意見の相違はスターリンの得になるだけだと語っている。

⑦「昭和天皇実録　第七」宮内庁編 P711

⑧「小倉倉次侍従日記」P124

三国同盟に関しては、ドイツ側が参戦問題をめぐって日本の提案を拒絶している。それなのに陸軍は裏工作をつづけて同盟を結ぼうとはどういうことか、と天皇はいった。その上で、「寺内大将のドイツ派遣とはなんの目的があってのものか」

板垣（陸軍大臣）は正直に、というよりぬけぬけと答える。

「防共枢軸の強化のためドイツ側とよく話し合うことが必要と思いまして」

天皇は叱りの言葉をはっきりと口にした。「お前ぐらい頭の悪いものはいないのではないか」

天皇の三国同盟反対の意志のよくわかる話である。

⑨「米中戦争　その時日本は」　渡部悦和著　P86
⑩「昭和天皇実録　第九」　宮内庁編　P311
皇后より汪夫人陳璧君に御贈品の御手許品入り（中略）を伝達する。
⑪「同書」　P482
⑫「戦争の時代50年目の記憶　下巻」　朝日新聞名古屋社会部編　P121
⑬「黎明の世紀　大東亜会議とその主役たち」　深田祐介著　P56
⑭「ある情報将校の記録」　塚本　誠著　P272
⑮「昭和天皇実録　第八」　宮内庁編　P269～270
夜、皇后と共に（中略）ドイツ国リヒャルト・シュトラウス作「祝典音楽」をお聴きになる。（中略）
四楽曲はドイツ・イタリア・フランス・ハンガリーの各国より紀元二千六百年の祝賀のため（中略）
寄贈された慶祝音楽にして（中略）天皇・皇后・皇太后に献上される。（後略）
⑯「特高警察」　荻野富士夫　著　P97
⑰「シベリア出兵」　麻田雅文著　P233
⑱「ハンガリー公使大久保利隆が見た三国同盟」　高川邦子著　P103
⑲「昭和天皇と戦争」　ピーター　ウェッラー著　P310
⑳「開戦神話　対米通告はなぜ遅れたのか」　井口武夫著　P150

⑳ 朝日新聞2000年12月7日「論壇」尚美学園大学教授（国際法）井口武夫氏投稿
その結果発生する事態（外交慣例上は戦闘状態を含む）の責任も米国にある、と断じている。これは国際法上、開戦意志を表明したことになる。しかし、五日の原文では、この結論の文章が完全に削除された。

㉑ 「対日十年　グルー日記」ジョセフ　グルー著　P315
「日本政府は米国政府の態度に鑑み、これ以上の交渉によって何らかの取り決めに到達することは不可能なりと考慮せざるを得ぬことを遺憾ながら米国に通告するものなり」

グルーはこの最後通牒を何時に受けたかを書いていない。これは交渉断絶の通告で、戦闘開始という宣戦布告文書とは読めないと思い、あえて戦争になるのかとは東郷に尋ねなかった。東郷もグルーから質問されないことに安堵して、真珠湾攻撃は示唆しなかった。

㉒ 「昭和天皇実録　第五」宮内庁編　P697

㉓ 「小倉倉次侍従日記」解説　半藤一利　P178（一九四四年）七月八日の項を引く。
「陛下の御性質上、組織が動いてゐるときは邪なことがお嫌いなれば筋を通すと伝ふ潔癖は長所でいらっしゃるが、組織がその本当の作用をしなくなったときは、どうにもならぬ短所となってしまふ。

㉔ 「僕は少年ゲリラ兵だった」ＮＨＫスペシャル取材班編　P23

㉕「思想戦　大日本帝国のプロパガンダ」　バラク・クシュナー著　P112
㉖「天皇家の密使たち」　高橋　紘・鈴木邦彦著　P21
㉗「大元帥と皇族軍人　大正・昭和編」　小田部　雄次著　P190
㉘「昭和史裁判」　半藤一利・加藤陽子共著　P330

加藤　皇太后が自分は疎開しないと言った時です。
半藤　それまで政務を休んだことがない天皇が寝込んでしまいます。昭和二十年（一九四五）六月十五日です。その前日に「私はここで死ぬ」という皇太后の覚悟を聞いて。

第四部　敗戦と天皇の戦争責任

ストックホルム駐在陸軍武官の小野寺信やカウナス領事代行の杉原千畝から、ソ連は中立条約を破棄し、日本に宣戦布告すると何度も機密電で報告していたが、現実を見たくない陸軍参謀本部トップは機密電を握りつぶし、天皇に内奏しなかったことが天皇の判断を誤らせた。

天皇は、共産国ソ連は英米に与して日本に参戦する、との疑いを感じてはいたがその確証がないため、最後の和平交渉はローマ法王ではなくソ連にした。

ローマ法王は世界をネットワークするカトリックの最高指導者ではあるが、英米はカトリックではない。英国はローマ法王の指示を受けない国教会であり、アメリカもプロテスタント系清教徒が建国した国であることを天皇は良く知っていたから、ローマ法王に英米との仲介は無理と思ったのであろう。天皇は最後までソ連にアメリカとの和平交渉の仲介役を要請しようとしていたが、これは完全に期待外れとなった。

一九四五年四月、ソ連モロトフ外相から佐藤大使に渡された通告は日ソ中立条約を更新しないとした。これは、ソ連は日本との友好関係をやめるという意思表示である。それを考えず、アメリカとの和平仲介を頼むとは日本の外交官は、昨日の友は今日の敵になるという国際常識を知らない馬鹿なのか、無知なのかとスターリンは戸惑ったが、ソ連が戦闘開始するまで、馬鹿は馬鹿のまま無防備にさせておけば対日戦は楽勝だな、と大笑いした。

その四月、ナチスドイツ軍はソ連軍に追いつめられ、三十日にヒットラーは自決、五月二日よりドイツ各方面軍は五月雨式に連合軍に降伏していく。

ポツダム宣言に軍部は執拗に抵抗

これまで外国との闘いに不敗の天皇制国家についに戦争に負けるときがきた。一九四五年七月、帝国日本はポツダム宣言を受諾して降伏に動きつつあるとの噂を聞いた陸海軍指導者たちは、既に五月に降伏していたナチスドイツ軍の戦争指導者たちが連合軍の捕虜にされ、処刑されるとの不安の塊になっていた。二千を超す若者たちに死んで国を守れ、オレも後から行くと特攻命令してきた将帥たちが自らの命は惜しくなっていたのである。

しかし天皇はこの時覚悟を決めていた。

「この身はどうなっても良い。民草が生き残れば、日本はいつの日か復活するであろう」と自らの退位をほのめかし国民の命を守りたいと仰せられたことに、御前会議で陸軍参謀総長、海軍軍令部総長、陸・海軍大臣、首相、外相等出席者がそれぞれの職責を全うできず敗戦となることに自責の念に駆られていた。

日本の運命を決める敗戦手続きだけに、その時の経緯を詳しく見ることにしたい

七月二六日　米英ソはポツダム宣言を発表した。ソ連はもはや中立国ではなく、英米と同じ連合国になっていた。ソ連の変身が意味するところを見抜けなかったことは、その約十日後のソ連軍による関東軍大攻撃に対処できなくさせた。これは軍部の許されざる過失であろう。

七月二七日午前六時、サンフランシスコのラジオ放送を聞いていた外務省アメリカ局はポツダム宣言を知った。

ポツダム宣言に対する、日本の降伏条件は、朝鮮・台湾等の領土保全、戦犯の処罰は日本政府にゆだねること、国体維持即ち、天皇とその官僚体制の維持等である。しかしポツダム宣言はどれも認めなかった。

阿南陸相はポツダム宣言が天皇制維持を認めていないとして最後まで受諾に反対し、一億総特攻を頑固に主張し続けた。

ポツダム宣言で降伏条件とされた内、領土割譲はやむなし。陸海軍の解体もやむなし。しかし天皇制は残し、戦争犯罪者処罰は日本政府に任せてもらえないかと軍部は抵抗していた。日本政府に任せてとは軍事国家の日本であるから、司法当局も軍の意のままであり、処罰はせいぜい中堅将校止まりで、戦争を指導した最高幹部はお咎めなしになると目論んでいた。我が身が可愛いのであり、トップになるほど、自らの責任を問われたくないのであった。

七月二八日　日本はポツダム宣言黙殺と回答した。実はポツダム宣言第三項は“The full application of our military power, backed by our resolve, will mean the inevitable and complete destruction of the Japanese armed forces and just as inevitably the utter devastation of the Japanese homeland. となっている。試訳すると、

〝我が軍事力の最高度の行使は、日本国軍隊が完全に壊滅することが避けられないことを意味する。同様に、必然的に日本国本土の完全なる破壊を意味する〟とあり、破壊的兵器原爆の使用を示唆していた。

日本政府は、敵の恫喝に惑わされないと相手にせず、政府系通信社の同盟通信をして〝黙殺する〟と回答した。官僚は事態の重大性がわかるから、自らは意思表示せず、あれは同盟通信の回答だと責任逃れする。

英文では ignore という、かなり強い否定語にしたことは、アメリカに絶好の口実を与えてしまった。同盟通信社の英訳は外務省がチェックしていたはずである。そうであればこれは、外務省による下手な英訳による歴史的失態と言ってよいのではないだろうか。筆者ならば、現在政府はポツダム宣言解決に向けて最終協議を詰めている。結論を得るまであと三日ほど待ってほしい Government of Japan asks United Nations to wait a few days to The Potsdam Declaration. Our discussion is in the final procedure to get the conclusion.）と回答するであろう。交渉相手が解決にむけて最終段階にあると言っている時に、原爆投下はできないのである。それが分からない陛下の無能な官

僚達の無作為を、アメリカは原爆投下、ソ連は対日参戦正当化の大義名分に使った。

八月六日　広島に原爆が投下された。それでも回答がないとトルーマンは、にやりと笑い、「予定された長崎等の目標に、第二発目を投下せよ」と命じた。

同日スターリンは、広島に原爆が投下され広島市は壊滅したとの報告を受け、側近に「まずい事態だ。日本は時間の問題でポツダム宣言を受諾してしまう。そうなってしまったら、ソ連は満州や北海道分割の分け前に預かれない。極東ソ連軍ヴァシレフスキー総司令官に直ちに命令せよ。日本軍への攻撃開始は九日午前零時一分に早める。極東ソ連軍の戦争準備が完了しなくてもやむをえない。少しでも多く占領地域を広げるのだ。それがわがソ連の領土になる。モロトフ外相には日本の佐藤大使に対する、宣戦布告文書の手交は八日午後十一時とすることを指示せよ」

八月八日午後十一時モロトフ外相はクレムリンに佐藤大使を呼びつけた。

「ソ連は戦争国家日本が本当に平和を求める意志などないと判断し、アメリカとの和平の仲介はしなかった。有能な外交官なら気が付くと思ったからだ。分かっていないようなので、改めて言う。ソ連は平和を求める連合国に参加したから、日本に宣戦布告する」

佐藤大使は、

「日ソ中立条約は更新されないとは言え、まだ条約の有効期限は一九四六年四月まではないか。それにも関わらず日本に宣戦布告するとは、国際信義を踏みにじるあまりに理不尽な通告ではないか」

と強く抗議した佐藤大使に、モロトフは冷笑して答えた。

「国際信義を踏みにじり、一九〇四年にロシアに宣戦布告なしに交戦したのはどこの国か。その国はアメリカに対してもそうであった。日本は、平和を求めるポツダム宣言を黙殺した。ポツダム宣言の提案者は英米に加えて我がソ連である。国を代表する外交官なら、ポツダム宣言を読んで知っているはずではないか。七月二六日から我がソ連は中立国家ではなく日本と戦っている連合国になっている。もし日本に、ソ連は来年4月まで中立国を続けると思っている外交官がいるとすれば、余りに無知・無能で外交官に値しないのではありませんか」

これに、佐藤大使は反論できなかった。

八月九日午前零時一分怒涛の勢いで極東ソ連軍が満州や中華民国に攻め入ってきた。共産国家ソ連の国営電信局は、日本大使館が懇請した〝ソ連が日本に宣戦布告し、一時間後に戦闘開始される〟との緊急電をついに東京に送信しなかった。同日十一時長崎にも原爆（水爆型）が投下された。

阿南陸軍参謀総長は長崎の被害状況と満州の戦況をまとめ十七時過ぎに参内した。天皇は、その報告を聞くや鈴木貫太郎首相を急ぎ宮中に呼んだ。天皇は首相に、

「もはやこれまでではないか。重大な決意をせざるを得ない。しかし、軍部は簡単には承知すまい。鈴木はどう思うか？」

「仰せのとおり、軍部は外相や首相たるこの鈴木がポツダム宣言受諾を意見しても、聞く耳はもって

おりません。御前会議で多数決などしても絶対に認めないでしょう。手立ては唯一陛下の御聖断で決する他、終結の道はございません」

「朕も同意見である。会議の結論を多数決にしては、陸軍も海軍も容易に納得するまい。無理にでも納得させるよう、朕の決断で決めたい」この天皇の決断が滅亡寸前の日本を救うのである。

「陛下には、誠に畏れ多いことでございます。今のお言葉はこの鈴木の胸に染み込みましたが、鈴木以外に漏れ伝わりますと必ず覆えされます。その時まで、陛下と鈴木だけの胸の内に秘めておきたいと存じます」

「よく分かった。遅れれば遅れるほど、この国は滅亡に近づく。鈴木には深夜にかかりご苦労であるが、これから直ちに陸海軍首脳と外相らを集め、ポツダム宣言をどうするか会議せよ。議論は紛糾するであろうが、鈴木の申すように潮時をみて、朕が決める」

会議は予想どおり天皇制維持、軍組織の最小限の保持、戦犯は日本政府が自主的に裁く、そして海外領土保全の四条件が認めなければポツダム宣言は受諾しないとする陸軍参謀総長と海軍軍令部総長に対し、ポツダム宣言は既にこれらを否定している。なんとしても天皇制護持だけを認めてもらうよう請願する他道はないとする外相・首相側の意見が対立し、暗礁に乗り上げた。

もし首相に内閣の一員たる陸・海相への指揮権があれば、幕引きが出来たはずである。しかし、その首相権限が帝国憲法にはないことを熟知しているゆえに、軍のトップたちは首相意見など聞かず、執拗な抵抗を続ける。

八月十日午前零時三分、鈴木首相は

「このままでは、埒があきません。議論は同じことの繰り返しになっております。三発目の原爆が準備されておるかもしれず、もはや小田原評定している場合ではございません。ポツダム宣言受諾に四条件を付けるか、条件は一つだけにするか、我らでは決着つかぬことをお詫び申し上げ、陛下の御聖断を仰ぎたいと存じます」

天皇は待っていたかのように、

「朕の考えは、外相案を可とする。これまで陸海軍は必勝作戦の名のもとに必死に戦ってきたことは、誠にご苦労であった。しかし、戦況は悪化するばかりである。日本最後の本土決戦となる陣地を視察させたが、陣地も戦備も万全には程遠い。この状況でなお戦争を続けこの国を滅亡させることも、北海道にソ連軍が上陸し共産仮政府を樹立させることも朕には許されない。外務省は米、英・支・ソの連合国に〝日本は国体を維持できるとの了解に基づき、ポツダム宣言を受諾する〟と連絡せよ」と命じた。

大日本帝国の最高会議である御前会議で、ポツダム宣言受諾の〝聖断〟を下したのである。

八月十一日阿南陸相は官邸に戻り、軍中央の高官達の戦争継続意志を確認した。直ちに皇居に参内、「陸軍首脳たる三長官（陸相・参謀総長・教育総監で最高決定機関となる）は、ポツダム宣言を受け入れて果たして国体護持できるか大きな不安がございます」と蒸し返しの奏上をした。

天皇は、阿南をもってしても、朕が意志を戴して陸軍を纏められないのかと嘆息した。

八月一二日阿南は依然諦め切れず、昭和天皇の末弟で大本営参謀の三笠宮陸軍少将宅を訪問した。

「三笠宮殿下、どうか陛下に降伏を翻意して頂くよう、伏してお願い致します」

三笠宮は穏やかに、しかしはっきりと返答した。

「阿南閣下、陸軍は満州事変以来、大御心に副わない行動ばかりしてきたのではないでしょうか。（注①）この期に及んで、なお陛下にお願いすることはとても出来かねます」

天皇の次弟は秩父宮であるが、結核を患い遠方で療養中、次の弟高松宮海軍大佐は天皇に何度も講和を申し入れた結果、天皇から退けられており、取次など期待できなかった。天皇に翻意していただく最後の手立てが末弟の三笠宮であった。三笠宮から柔らかくしかし明確に拒否され、阿南陸相はついに覚悟を固めたようである。

八月一二日未明米国国務長官バーンズより一〇日のポツダム宣言条件付受諾に対する外務省の申し入れに対し、

〝天皇の地位はｓｕｂｊｅｃｔ　ｔｏ　ＧＨＱ〟と回答してきた。東郷外相は天皇に、

「ｓｕｂｊｅｃｔ　ｔｏ　ＧＨＱ」とは、天皇の地位は、ＧＨＱの制限のもとに置かれるとのことでございます。天皇は存続しなければ、制限のもとに置くことはできないのであります。論理的にも天

皇制は存続することを認めていることになると存じます」と奏上した。

天皇、ポツダム宣言受諾を懇請

天皇は東郷外相の天皇制は存続するとの外相解釈を信じ、陸海軍トップに重ねてポツダム宣言受諾を懇請する。もはや、大元帥の権限ある命令ではなく、何としても受諾を受けてくれという懇請になっていた。

八月一三日、陸軍の作戦に関わる最高司令官梅津と同じく海軍の豊田を宮中に呼び、天皇命令で停戦するようにと指示した。満州に侵攻してきたソ連軍と日本の関東軍との戦闘は激しく続いていたのである。関東軍司令官は参謀総長からの停戦命令なしに停戦はできない。

ソ連軍の猛攻を受け必死に戦っている時に停戦とは何を考えているのか、兵が死ぬ気で戦っている時に停戦させたら、気が緩み一気に防衛線を突破され守備軍は全滅することがわからないのか、と現地軍は、参謀副長を東京の参謀本部に急遽派遣、状況確認をさせた。参謀副長は、天皇はポツダム宣言を受諾すると聞いて、反論した。

「天皇が戦争をおやめになったのと、大元帥陛下が戦闘を止めるのは全く別のことだ。大元帥陛下の停戦命令はまだない」と執拗に抵抗した。

海軍は十五日夕方戦闘中止命令を発令したことを聞いた軍令部大佐が怒鳴りこんできた。〝戦闘中止は撤回する〟と命令しろ。

連合艦隊はほぼ全滅し、残余の小型艦は海上護衛総隊に改編されていたが、その参謀長大井少将は筋を通し、必死に説得した。

「何を言うのか。帝国憲法を良く読め。大元帥の地位は、天皇の下になる。天皇の御命令が最高且つ絶対なのだ」（注②）

大日本帝国憲法における天皇の位置づけは軍隊の最高司令官である大元帥の上位にある、とするのが正しい解釈になる。しかし陸軍参謀総長は、なお関東軍を始め支那派遣軍・南方総軍等に対する停戦命令を峻拒していた。

軍部はクーデターで徹底抗戦

天皇がポツダム宣言受諾を決めたのにも関わらず天皇を補佐するスタッフは、五日間も天皇に抵抗した。天皇は、強硬手段をとることはクーデターを惹起するものと危惧し、辛抱強く収めようとした。

八月一四日八時半、米軍機は空爆することなく、〝日本はポツダム宣言を受諾した〟と関東一円にビラを撒いているとの報告を聞かされた天皇は憂慮した。ビラを見た実戦部隊長の多くが停戦を認めず徹底抗戦を主張し、クーデターを起こす危険がある。天皇は翌十五日に、軍部を含め全国民に直接終戦を告げる玉音放送を行うことを決めた。

直ちに日本放送協会をして準備させるとともに、全て国民は明日正午にラジオの前に集まり、心して耳を傾けるよう事前放送することを側近に命令した。それでも玉音放送をさせないと、畑中東部軍少佐以下約十名の中堅将校は、その録音盤を奪取し天皇を人質にとり首相・陸相・海相らを監禁する一方、クーデター命令書を勝手に発令できるよう森近衛師団長を殺害、師団長公印を奪取した。

この戦争末期の日本のあがきを中立国はどう見ていたか。日本が敵国英米等と国交断絶したあと、この敵国への連絡役として頼りにしていた、スイス公使カミーユ　ゴルジェのスイス外務省宛ての公電が残っている。

「日本がポツダム最後通牒を憤然と拒否してから様々な出来事が相次いだ。（中略）**徹底抗戦という幻想は、ソ連の宣戦布告を受けて消滅した。ソ連の参戦で日本政府は大変なパニックに陥ったが、新聞はそのことに触れていない。ソ連との対応において重大な過ちを犯した、東郷外相は文字通り打ちのめされて、急遽軽井沢に戻ってきた**（後略）（注③）

終戦を告げる天皇の玉音放送

天皇は、日本降伏で予期される国内クーデター等非常事態を防ぐためには、陸海軍を含め、全国民に玉音放送という自らの肉声を以て天皇の真意を聞かせ、たとえ一握りの軍指揮官がクーデターをおこしても、兵士は参加しないことを軍トップにわからせる他ないと決意した。

八月十五日朝七時すぎ、日本放送協会は、〝本日正午天皇陛下より直接重大な放送がされる。全国民はラジオの前で、身を正し有難く玉音を拝聴するよう〟事前放送した。

天皇を最後まで守るべき近衛連隊将校はこれを聞き、断じて終戦を国民に伝えてなるものか、最後の一兵まで死力を尽くして戦い一億総玉砕するのだ。陛下に放送させないよう、日本放送協会に押し入った。

玉音放送はナマ放送ではなく、録音されたものを放送することが判明した。放送担当の職員が見つかり、蹶起首謀者畑中少佐の前に引き出された。畑中やその加担者は、

「陛下の録音盤はどこに保管されているのか！　正直に言え！　隠すと命はないぞ」

「存じませぬ！　私は、放送前に警護兵たちが録音盤持ってくるから、それまで待機せよ、と命じら

れているだけです」

すでに森師団長とその参謀を殺害し殺気だっていた畑中少佐らは、「言わぬなら命はないぞ！」と怒鳴りつけ、軍刀に手をかけるのを見た下士官は、放送職員を徹底的に殴打転倒させ、うめき声をあげさせた。上官が気に入らぬ部下を殺しに掛るとき、唯一部下の命を救う方法がこれであった。たとえ肋骨を何本も折られ、瀕死の重傷をさせられても、殺されるよりはましであった。

職員が命を懸けて守った録音盤は、半泣きで遠くから見守っていた別の職員が、狂気の陸軍将校達が放送会館の全ての部屋を探しに行くのを見て放送機に装着し、全国放送のスイッチを入れた。

放送会館に入ったのは別の将校との説もある。終戦のどさくさに紛れて憲兵隊の調書は消され、実行者の多くが自決した。残っているのは生き残った将校のコメントしかなく、二二六事件と同じように、陸軍トップに首謀者がいなかったかどうかは解明されないまま、うやむやにされたことも追記したい。

職員が命を懸けて守った玉音が全国に放送された。

「朕ハ昭和二十年七月二十六日米英支各国政府の首班カポツダムニ於テ発シ後ニ蘇聯邦カ参加シタル宣言ノ掲フル諸条項ヲ受諾シ、帝国政府及大本営ニ対シ、聯合国最高司令官カ提示シタル降伏文書ニ朕ニ代リ署名シ且聯合国最高司令官ノ指示ニ基キ陸海軍ニ対スル一般命令ヲ発スヘキコトヲ命シタリ朕ハ朕カ臣民ニ対シ、敵対行為ヲ直ニ止メ武器ヲ措キ且降伏文書ノ一切ノ条項並ニ帝国政府及大本営

ノ発スル一般命令ヲ誠実ニ履行セムコトヲ命ス　御名御璽　（総理大臣以下閣僚の副署あり）

「我が身はどうなっても良い。しかし日本を滅亡させてはならない」と天皇が想い悩んでついに玉音放送した。モスクワの駐ソ佐藤大使は、早く知らせて戦死者を少しでも減らさなくてはと願った、緊急電発信の約束をソ連は守らなかった。

二〇一五年四月、当時、民主党の鈴木貴子衆議院議員が「『ソ連の対日宣戦布告』に対する駐旧ソ連大使佐藤尚武氏の公電は日本政府に届いているか」と質問趣意書を提出した。政府は（中略）**外務省欧亜局東欧課が作成した『戦時日ソ交渉史（自昭和十六年至昭和二十年）』においては、『本件電報は遂に到着しなかった』としている」と、安倍晋三首相名での答弁書を決定した。**（注④）

敗戦国は領土を奪われる

共産国家ソ連の領土拡張野心は東ドイツに留まらず南欧にまで国境を決め、共産国家を衛星のように設置してゆく。既にソ連に編入していたバルト三国に加え、ポーランド、ルーマニア、ブルガリア、チェコスロバキア、ハンガリー、ユーゴスラビア、そしてアルバニアである。ここまで線引きを終えたスターリンは、日本の領土強奪を考え始めた。アメリカ大統領F・ルーズベルトは英国首相チャーチルの紹介もあって、スターリンや共産主義に警戒心は少なかった。後のトルーマンとはソ連共産主義への警戒心に大差があった。

ルーズベルトは、米国政府内に巣食っていたコミンテルン米国支部員の存在も大目に見ていた。来るべき日本本土決戦はソ連兵も投入し、アメリカ兵士の戦死をできる限り減らそうと考え、スターリンと会談したのである。

「スターリン閣下。米軍は日本の近くの諸島まで占領しているが、依然日本は降伏しない。日本本土決戦になれば、日本は女子供まで兵士に使う、一億総特攻に入るだろう。日本は多くの山岳地帯に囲まれている。そこへの道路は狭く曲がりくねっているから、米軍は戦車を通せず、白兵戦が主体になる。山中を知り尽くした日本軍は小さな洞穴を無数につくり、そこからゲリラ攻撃にでるだろう。その後ろに隠れている陸軍砲兵隊は米軍に見えないところから放物線の軌道で撃てる山砲で攻撃し、米軍の戦死者も膨大になる。そうならないように米軍の太平洋側からの正面攻撃に加えて、ソ連軍は日本海側から背面攻撃し挟み撃ちにして、日本の息の音を止めたい。ついては日ソ中立条約を破棄し、満州を突破、朝鮮半島に攻めてもらえないか。米軍とソ連軍に挟まれたら日本もどうにもならず、降伏するだろう」

この、ルーズベルトのソ連参戦要請は、アメリカが原爆開発に成功する前の話であり、ルーズベルト自身も病状悪化により対日戦が長期化していることに弱気になっていたこともソ連頼みに影響したのである。

　ルーズベルトの参戦要請に、スターリンはこれで日本の領土奪取の足掛かりを得たとほくそ笑んだ。

「大統領閣下、ソ連の将兵にも多くの戦死者がでる。その大なる犠牲の代償として、最低限樺太・千島列島を割譲することに同意して欲しい。それ以外の追加要請については、ソ連人民政府と軍が協議した上で要求したい」

　ルーズベルトは日本本土上陸作戦で米軍が非公式に見積もった兵士七十万人の命が救われるなら、最低条件の樺太・千島列島など安いものだ、ソ連にくれてやろうと考えた。

「承知した。次回は追加条件と参戦時期を取り決めたいのでよろしく頼む」

　スターリンはダメ押しに抜かりはなかった。「それではソ連に戻り、最高幹部会の承認を得るから、貴方と私の発言を記したこの速記録に署名して欲しい」

　このルーズベルト署名が日本の北方領土を失わせる証跡になったのである。ルーズベルト後継者のトルーマン大統領はポツダム宣言案の策定にあたって、共産国家への警戒心からソ連抜き、樺太・千島列島案件なしを想定していたが、スターリンの取り分は証文としてスターリンの手元に残されていたのである。

　ルーズベルトの急死により、トルーマン大統領との交渉になった。トルーマンは原爆という決定的な切り札を持つことになり、もはやソ連の助けは必要でなく、ソ連の野望を冷静に判断する余裕ができた。

「大統領閣下。ソ連にとっては日ソ中立条約を破棄しソ連兵の血を流すことがソ連人民に説明できる理由が必要になる。それは、満州の譲渡だ。それとドイツを東西に分割したように、北海道と青森と山形・岩手くらいを日本から分離することに、アメリカは同意してほしい」

トルーマンはアメリカの戦後のアジア戦略に考えを巡らせ、幾つもの共産国家出現は米国のアジア戦略の障害になると判断した。しかし、今はソ連を引き付けておきたい。

「スターリン閣下、満州は資源があるだけに、中国も返還を当然主張しますよ。アメリカとしては中国が反対しなければ、認めても良い。日本の分割については日本降伏条件に少しでもそれをほのめかしたら、日本は一億総特攻に拍車をかけることになる。東ヨーロッパとバルカン半島の大半はソ連のものにしつつある。更にカラフト南半分の領土を回復し、千島列島を獲れば、スターリン閣下はソ連の英雄になれるのではないですか」

スターリンは、アメリカの顔をたてて日本占領案を取止めれば、ソ連の東欧やバルカン半島の占領にアメリカは了解するということか。それならば、北海道奪取は暫く凍結しておくか、と考え直した。

ソ連の野望、日本分割占領案

ソ連は敗戦国日本から、戦利品として北海道強奪計画を策定していた。留萌 - 釧路以北を占領する狙いは、トルーマンには保留されたが、スターリンやソ連軍部は本気で考えていた。

一九四五年六月モスクワで対ドイツ戦勝パレードが盛大に挙行され、そのあとクレムリンでスターリンや共産党幹部たちや軍幹部が最高会議を開き、第一極東方面軍司令官は日本の敗戦が近づいたことを契機に北海道占領案を提案、スターリンに次ぐ党ナンバー2に上りつめつつあったフルシチョフも北海道上陸作戦を支持していた。

この北海道上陸作戦の狙いは大日本帝国から北海道を北日本人民共和国として独立させる案であり、荒唐無稽なものではなかった。北日本国民になった日本人がソ連に反抗しないよう、日本人による親ソ連政府を樹立させる。その手順は東ヨーロッパのウクライナ、ハンガリー、ルーマニア、ポーランド等々でノウハウを得ていた。まずは焼け野原となり餓死者も危惧される旧日本帝国国民に、豊かな北日本国を憧憬させる仕組みを作れば良い。それは、北海道の豊かな炭鉱資源やニシン等の漁業資源に加え紙パルプ産業を基幹として、更に北方四島を北日本国に組み入れ、サケマス・カニ・ウニ等々高価で豊かな北方漁業を北日本国に独占させる。ソ連からは樺太油田の原油やガスを原価で北日本人民共和国に供給する。これで旧日本帝国の貧しい東北地方は豊かな北日本国をうらやむようになり、北日本人民共和国への出稼ぎも始まるであろう。

北日本人民共和国は盤石になり、アジア一帯を共産国にするためのプロパガンダにするという戦略であった。北朝鮮ならぬ北日本人民共和国の胎動のようなものである。北朝鮮も発足当初はソ連の強力な援助を得て、現在では想像もつかないが、韓国より遥かに豊かであり、日本や韓国から北朝鮮に移住する家族も多かったのである。

この時、もしアメリカがソ連の支配下には入れないとソ連案に反対しなかったら、北日本人民共和国のような共産国が日本に誕生していたことであろう。後日このことを聞かされた天皇は、心底共産国家の赤化政策の恐ろしさを感じ取り、戦後も反共政策をしっかりさせる必要性を強く感じた。

ＧＨＱは日本を支配

一九四五年八月二八日ＧＨＱ（General Head Quarters, the Supreme Commander for the Allied Powers 連合国軍総司令部）が東京に設置され、日本の占領行政を始める。ポツダム宣言で日本の降伏を認め、終戦とする条件は、連合国最高司令官の命令に従うことであった。ＧＨＱは、一九五一年サンフランシスコ平和条約調印により、日本が主権国家と認められるまで、日本の行政に関わり、日本占領政策を指令した。日本政府や天皇の上に立つ組織であった。

八月三十日、その最高司令官となるマッカーサー米国陸軍大将は厚木基地に到着し、最高司令部入りをし、降伏文書調印準備から始める。国内向けとは別に，戦争相手国に対する降伏儀式が残っていた。連合国は降伏調印者に政府代表と陸軍及び海軍代表者を要求した。たとえ日本帝国政府が降伏文書に署名していても、軍部は知らぬと言わさないためである。

九月二日東京湾に停泊し日本を威圧する米国巨大戦艦ミズーリの甲板上で、降伏文書調印式が挙行された。上空や周囲には万一の特攻機突入や特攻ボートによる襲撃を恐れ、数百機の米軍戦闘機が爆音を轟かせ戦艦ミズーリの上空や、特攻ボートが潜みそうな東京湾各所を何度も旋回し、最高度の警戒態勢をしていた。

日本帝国の降伏は手続き不備で認められないと覆さないよう、連合国にぬかりはなかった。天皇と政府に全権委任状を作成させ被委任者を重光葵外務大臣、陸海軍のそれは梅津陸軍参謀総長にした。これまでの激戦が休戦になり一息ついたから、日本陸軍は本土決戦をやるぞと言わさない手順を組んだのである。

日本帝国の降伏儀式が終わった九月十一日、ＧＨＱは矢継ぎ早に戦争の実質的決定権者と天皇の名において交戦命令を下した者などをA級戦犯容疑者として、東條英機以下三十九名を逮捕した。この内奏を受けた天皇はマッカーサー総司令官が被占領国日本を根底から変えてしまうことを危惧し、マッカーサーに直接会って懇請する他ないと考え、マッカーサーに会見を請願した。

九月二十七日第一回目となる天皇とマッカーサーとの会見は東京の米国大使館で行われた。会見に先立ち、マッカーサーは写真係により二人の写真を撮らせた。天皇は正装のモーニングを着用、直立不動で起立した。隣のマッカーサーは正式な軍用礼服であるべきところ、通常の軍服を着用し自然体の姿勢をとったからどちらが勝者か世界中に一見してわかる写真になった。

会見は型どおり互いに健康であることを喜び、しばし安心感を共有し緊張感が緩むと天皇は本題に入った。その記録は戦争前を思わせるカタカナ文で残っている。

（陛下）　私モ日本国民モ戦敗ノ事実ヲ十分ニ認識シテイルコトハ申スマデモアリマセン。今後ハ、平和ノ基礎ノ上ニ新日本ヲ建設スルタメ、私モデキル限リノ力ヲ尽クシタイトト思イマス

天皇と Macarthur
（Wikipedia より）

（マ）夫レハ崇高ナ御心持デアリマス。私モ同ジデアリマス

（陛下）ポツダム宣言ヲ正確ニ履行シタイト考エテオリマスコトハ、先日侍従長ヲ通ジ閣下ニオ話シタ通リデアリマス

（マ）「終戦後陛下ノ政府ハ誠ニ多忙ノ中ニ不拘凡ユル命令ヲ一々忠実ニ実行シテ余ス所ガ無イコト、又幾多ノ有能ナ官吏ガ着々任務ヲ遂行シテ居ルコトハ賞賛ニ値スル所デアリマス」（注⑤）と締めくくられた。

この時天皇はマッカーサーに自らの戦争責任を認めたかどうかは明らかにしていない。終戦から十年経過してからようやく、**マッカーサーは昭和三十年九月、ニューヨークを訪問した外相重光葵に対し、天皇と最初に会見した際、天皇が冒頭に戦争責任の問題を自ら持ち出され、自分が直接全責任を負い自身の運命を聯合国最高司令官の判断に委ねる旨を発言されたことを告げる。**（注⑥）

終戦から約三か月経過し、日本が少し落ち着きを見せたころ、弱冠十二歳の皇太子（現平成天皇）は新聞報道等から、共産党勢力が国会で議席を伸ばしそうだと想定して、共産党を取り締まる必要性を父天皇に尋ねた。天皇はGHQ民政局が日本民主化のために、ある程度は対立勢力を受け入れることが必要と考えている時に、皇太子は共産党抑圧的意見を持っていると新聞等に報道されるとまずいことになると考えたのであろう。天皇は皇太子に、

「共産党は取り締まらなくても有力化する恐れはない」と諭した。

翌日、侍従次長の木下より**「共産党勢力の消長は、天皇の御態度と関係があり、暴君の下では有力化することもある」**（注⑦）と教えることにさせた。帝王学には共産対策も含まれていた。

日本の敗戦の翌年には宮城前広場でメーデーや米を寄こせという食糧デモが行われ、約50万人が参加したとされている。その演壇から共産党書記長徳田球一が〝天皇を打倒しろ〟と怒鳴った時歓呼の声がこだましたのを、革命前夜かと、裕仁天皇は恐怖におののき聞いたことであろう。その十日後には、**世田谷区民による「米よこせ区民大会」参加者の一部が宮城坂下門に押し寄せ、（中略）宮内庁舎地下食堂の調理所に侵入し、食糧等を物色するという事件が起きる**（注⑧）。これまで神聖な地であった皇居に乱入するほど国民は飢えていた。

マッカーサーはこのメーデーの叫び声に冷静な判断をしていた。天皇に共産革命の恐ろしさを感じさせてやれば、天皇はＧＨＱに頼り助けてもらう他ないことを脳裏に刻みつける、と。天皇にこの恐怖感や共産主義者への強固な警戒心と敵対心はその後も消えることがなかったことは、一九五五年八月渡米する重光外相に特別メーセージを託したことで証明されるのである。終戦になるまで非合法の危険団体とされてきた日本共産党は、翌年の総選挙で五議席を獲得、初めて公党となったことは天皇に明らかな脅威と感じたであろう。

GHQ極東国際軍事裁判所開廷

一九四六年一月、マッカーサーは連合国最高司令官として、ポツダム宣言受諾と九月二日の降伏文書調印を根拠として、極東国際軍事裁判所 The International Military Tribunal for the Far East を市ヶ谷の元陸軍士官学校に設置し、同年四月二九日の天皇誕生日に起訴状を裁判所に提出、五月二日裁判所は第一回公判を行った。戦争責任を巡って大詰めになり、米国人弁護人で木戸幸一大臣を担当するローガンは、木戸に戦争責任がないことを立証しようと、東條に質問した。

「たとえば、木戸内大臣が、天皇の平和を希望するという意志に反して、勝手に行動したり進言したりすることはありますか？」

東條は、この質問が天皇の意に反して、戦争はできないということの証言をとりたい質問とは考えが及ばなかった。

東條被告—そんなことは全くありえないことです。日本国臣民が陛下の御意志に反して、あれこれすることはあり得ません。まして（木戸のような）高官においてをや、であります。（注⑨）

これが通訳された瞬間、キーナン首席検事は凍りついた。

「東條のバカが！　戦争を決めたのは全て天皇の意志にするのか。天皇に戦争責任が及ばないように散々苦労してきたのに、東條はぶちこわした」とがっくりした。

他方、天皇を法廷に召喚して戦争責任を追及したい、ウェッブ裁判長や、天皇の戦争責任を追及するのみならず、天皇制廃止や人民革命まで狙っているソ連の検事は内心大喜びした。この問題発言に、キーナン首席検事が宮内省（当時）部長の松平康昌をして、ＧＨＱが管理する刑務所に収監されていた東條を訪ねさせ、引導を渡すことにした。刑務所内で証言のやり直しが話し合われたなどと漏れぬように、キーナンの指示で、松平と東條二人だけの語らいであった。

「先日のあなたの証言では、天皇に戦争責任を負わせることになる。首相兼陸軍参謀総長兼陸軍大臣として、二百数十万の将兵に加え、更に数百万もの民間人を死なせて、生きながらえているのは何のためですか。陛下に些かでも累が及ばぬよう、我が身を替えて、陛下を御守りするためではなかったのですか」

東條は嗚咽しながら、振り絞るように答えた。

「武人として、もとより最後まで陛下をお守りする覚悟に、微塵も変わりはない」

「では、証言を修正して、陛下に最後の御奉公をして頂けますか？」

東条英機は万感の思いで答えた。

「承知した」

松平から報告を受けた、キーナン首席検事は次の公判で東條を質した。ローガン弁護人への反対尋問となる。

「東條被告人は、日本人なら誰しも天皇の命令に従うと証言したが、天皇は自ら戦争せよと命じたのか？」

東條はよどみなく明言した。

「前回の証言は、私が思う国民感情を述べたものであります。陛下は、一度も戦争せよと命じられてはおりません。それどころか、〝四方の海皆同胞と思う世に　など波風の立ち騒ぐらむ〟と国際友好と平和の想いをのべられた」

東條の捨て身の陳述に、天皇に責任なし、責任は東條他にありが固まった。キーナン首席検事はこの証言に満足し、裁判長もソ連の検事も天皇の法廷召喚を断念した。キーナン首席検事はほくそ笑んだ。よし、これで、マッカーサーに貸しを作った。マッカーサーが日本をアメリカの属国に成し遂げて凱旋したら、大統領選挙に当選だ。その時は、オレは合衆国司法長官だ、と皮算用をしていた。しかし、このマッカーサーとキーナンの野望は、大統領による突然のマッカーサー解任であえなく消えることになる。

ソ連は天皇を戦犯に追加指定

極東軍事裁判では戦犯にされることをからくも免れた昭和天皇に、欧州ではソ連を始め天皇を戦犯と考える国々があった。ひとつの関係づけがあった。一九三九年、ヒットラーは、〝ドイツを戦争に追い込む要因は、共産主義者とユダヤ人による世界的規模の陰謀だ。ドイツはユダヤ人を全滅させなければならない〟と演説した。この時は半信半疑であった欧州人も四一年になると独ソ戦が始まり、日本もドイツと連携し、英米蘭に対し戦争を仕掛け、世界大戦になった。ヒトラーのわが闘争における予言が的中したのである。ドイツ帝国を存続し発展させるため、悪の根源のユダヤ人や共産主義者等を絶滅させるホロコーストに着手した。

ホロコーストと同じように戦慄すべきペスト菌等による人体実験があった。戦争に勝つためには、目に見えず防衛しにくい兵器の開発がされた。その中にペスト菌等の細菌兵器があった。日本も満州の七三一部隊が開発に着手しており、その兵器の作戦や運用を立案する参謀は皇族で、昭和天皇とは従兄弟の関係にあった。満州に攻め入ったソ連軍は七三一部隊関係者を逮捕し、天皇の指示・承認等天皇の関与がなかったか執拗に尋問した。同時に東京のソ連大使館はソ連からＧＨＱに出向している者に、天皇と七三一細菌部隊の接触を調べさせた。

調査により石井部隊長が天皇に拝謁している事実は確認されたが、時期は一九三〇年四月で、七三一細菌部隊結成以前であった。天皇と細菌部隊が関係している確証は得られなかったにも関わらず、ソ連は天皇を恐怖させるため天皇を狙っていることをリークした。戦後になって、学術雑誌に天皇戦犯を想起させる内容の論文も発表させた。（注⑩）これは医療倫理に反する忌まわしい人体実験をしたことで、欧州人が最も嫌うヒットラーと天皇を同列視させる狙いがあった。裕仁天皇はドイツと軍事同盟し、世界大戦を引き起こしたのだ、Ｈｉｒｏ―Ｈｉｔｌｅｒ（ヒロヒトラー）とドイツ他ヨーロッパの一部で呼称される遠因になった。

天皇行幸先京都大学で、反戦歌

一九四六年二月、終戦から半年経過すると天皇は、日本復興に取り組む国民を激励するため、約八年かけて全国各地を行幸する。内心、公党となった共産党の国民への浸透を抑止したい思いがあったことは否定できないであろう。その国民宣撫の中、一九五一年の京都大学行幸では、君が代の合唱を消すかのように学生たちの反戦歌が天皇の耳にも響いた。更に、ある京大生は天皇の戦争責任について質問状を渡そうとしたが、天皇の御付きの者はこれを拒否した。

天皇は京大には戦争前にも共産主義に近い学者がいたことを思い出さざるを得なかった。その翌日は舞鶴行幸であった。ソ連が数十万人といわれる日本軍捕虜を抑留し食べ物もろくに与えず強制労働させ、何万人もシベリアの凍土に死なせてきたが、九死に一生を得て、引揚船で帰ってくる息子の帰りを舞鶴港で待つ母親を歌い上げた〝岸壁の母〟という歌は日本中の母親たちの涙を誘ったのである。天皇はそこにこそ行くべきであったが、立ち寄りを躊躇し、舞鶴港の中核になっている造船所訪問に切り替えた。

前日の京大訪問で嫌でも聞こえてきた反戦歌の大合唱、そしてソ連の収容所の中で日本に帰国させてもらえるよう共産主義者に転向し、コミンテルンから命令あればあらゆる協力をすることの誓約書をソ連共産党当局に提出した、いわゆる〝請願帰国者〟が多数混じっていることを聞かされた天皇は、敗戦を遅らせたことがシベリア抑留者の悲劇をもたらしたことを痛切に思い知り、近寄れなかったのではないだろうか。

明仁皇太子の誕生日に戦犯処刑

一九四八年十二月二三日は、明仁皇太子の一五歳の誕生日である。一五歳は青年にさしかかり、純粋且つ多感な時である。その日にＧＨＱは東條英機以下Ａ級戦犯七名の死刑を執行した。太平洋戦争の開戦詔書を下げ渡し、戦争を命じられ戦争を指導し、結果A級戦犯とされた者達は、天皇の戦争責任はどう理解すれば良いのであろうか。

その昭和天皇の誕生日ではなく、皇太子の誕生日にしたことは何の意図があったのか。この日を裁可したマッカーサーの考えを想像してみたい。

「閣下。勝者が敗者を処刑するセレモニーの日は何日にいたしましょう?」

「そうだな。昭和天皇には敗戦による共産革命の恐怖に加えて、戦犯指名の恐怖も脳裏に刻みこませた。彼は二度と戦争命令はしないが、天皇誕生日に天皇取り巻きたちの戦犯起訴日を告げるプレゼントをしよう。

しかし世界一のわが米国に乾坤一擲の大戦争をしかけて、四年もの死闘を繰り広げ二百万を超える戦死者を出した上に二発も原爆を食らって敗戦しても、革命が起きないどころか、なお天皇を崇拝しているこの強固な国民性は不気味である。天皇を神とする天皇教の信者にさせられているのだ。戦犯の処刑だけではだめだ。天皇神格化をやめさせなくては」

マッカーサーの副官は答えた。

「Yes　Sir。全く同感であります。すると次の天皇にも抑えをしておく必要があるのでは……」

「その通りだ。キーストーンは、次の天皇になるな。新しい軍隊を率いてアメリカに復仇戦など決して考えないようにしなくてはなるまい」

「次の天皇は、明仁皇太子になっておりますが」

「良い考えを思いついた。アメリカに刃向うとこうなるのだと、毎年彼の誕生日に思い出させてやろう。彼の誕生日に処刑するのが良い。但し、それを公表したら、逆効果になるぞ。日本国民全てを怒らせ、忠臣蔵が大好きな国民は、本気で復仇戦を考える」

「了解致しました。処刑日の選定理由は報道機関に聞かれても、一切ノーコメントと致します。もし頭の良い記者がいて、その日は明仁皇太子の誕生日になりますが、と聞かれたらどう答えましょうか？」

「Ｏｈ　Ｍｙ　Ｇｏｄ！　それは知らなかった、と本当にまじめな顔で答えよ。勿論今日の記録にこのことは書くな。それから、日本人は忠臣蔵や井伊直弼襲撃のように復讐戦が大好きな国民だ。父や兄の仇をとるぞ、と夜な夜な日本刀を研いで、桜田門外近くのＧＨＱの前で襲撃されてはたまらない。何か良い考えはないか？」

「閣下、ご冗談を。でも良い考えがあります。いつまでも帝国憲法のまま、天皇に交戦権を持たせることなく、新しい憲法にして、そこにはっきり条文を入れさせては」

「Ｔｈａｔ´ｓ　Ｇｒｅａｔ　ｉｄｅａ！　日本は永久に軍備しない。不意打ちさせないように、交戦権は認めないことにさせる」

「しかし、閣下。それでは、隣国から戦争を仕掛けられたら、すぐに占領されてしまうことになりませんか？」

「その時はアメリカが日本を守ってやることにする。アメリカの有難みがわかるだろう」

「これで、日本はアメリカに絶対刃向えない、従僕になります。閣下の大手柄です」

「このシナリオが完成したら、アメリカに凱旋して、次は……だ」

国土荒廃、餓死者は共産革命を望む

敗戦の翌年一九四六年は、急ピッチで日本の新体制づくりを進めた年であった。十一月には国家の要件となる新憲法が公布された。次いでGHQは日本民主化政策として自作農創設を推進する。大資本家対底辺労働者のように、大地主対小作農の構造を改めないと、政府を支持する安定した保守層が作れないとみたGHQは、自作農創設特別措置法の提議を政府に示唆し、国会で成案にさせた。

共産勢力により小作農一揆が煽動され、日本に共産革命の機運が高まっていた時に共産勢力を一気に力で撲滅する軍隊は無くなった。半ば危機的状況に追いやられ、爆発しそうな小作農に、自作農創設特別措置法は、当時日本の農業の大部分を占めていた小作農から、革命の芽を潰したと言っても過言ではないであろう。

敗戦後、なぜ共産勢力が広まったのか。いくつか背景はあった。その一つは、人間が生きるための絶対条件となる食糧に危機が迫っていたからである。健康で五体満足の食糧生産者は全て兵隊に取られ、その多くは戦死。生き残った者は捕虜となり、ソ連や中国で強制労働させられていた。精根こめて耕してきた田畑は、いたるところ軍事工場や航空基地に転用されていた。一度でも潰された水田には鎌で切れない硬く太い雑草が生い茂り、川から水を引く用水路の修復は、土木機材なしにはできるものではなかった。

敗戦の年は食う物がなく、大多数の国民は飢えて冬を迎え、ソ連とドイツ双方から国土を蹂躙されたウクライナよりも少ないとはいえ、日本の餓死者は数十万人に及ぶと風評されていた。

当時の日本の惨状を記録していた、ＧＨＱの軍医によれば、米軍の爆撃を受けなかった京都でさえ、**一五〇人の王様**（ＧＨＱ要員）**と一七四万人の乞食が住んでいたようなものだった。**（中略）**空腹が弱い者から体力と気力を奪っていった。朝霜のおりた路上で老人が息絶えていた。所持金は五円、**（司法）**解剖するとかなり長いあいだ食事をとっていなかった。このような京都府の「行き倒れ」死者は敗戦後一四カ月の間に六百二十人と記録されている**（注⑪）。

飢えなかった者もいた。〝世の中は桜（陸軍幹部）と錨（海軍幹部）に顔（コネが使える者）と闇（闇市場を使える金持ち連中）〟たちは戦時中から食料の蓄積があった。東條首相兼陸軍大臣から皇族や政府高官に肉や魚や米など、お見舞いを名目に何度も十分な差し入れしていると物資補給車を覗き見た下々の者から、飢えた庶民の間に密やかに伝わっていた。飢えを知らない現在の飽食日本人には想像できない、食べ物への執着と恨みがあった。

飢えた者達に共産主義ユートピア論が浸透し始めていた。共産国家は全て平等で、農産物は計画的に生産されるから、食べ物が不足しないし安価になる。天皇のような専制君主はいない、自由な国になっているのだ、と。

北九州の彼方に共産国家誕生

一九四九年蒋介石の中華民国軍を台湾に追い落とした人民解放軍の毛沢東は中華人民共和国の樹立を宣言する。

中国共産党は蒋介石との国内戦を激しく戦い、策略も用いて仕上げは暴力革命で政権を奪取した。その頭目毛沢東は独裁的な権力者になった。その共産国家が北九州のかなたに南シナ海を挟んで誕生したのである。それ以後、昭和天皇には白人のリヒャルトゾルゲではなく、まるで日本人の顔をした共産主義者が日本に潜入し、隙あれば工場争議と占拠に始まり、全国各地に飛び火していく悪夢がよぎったことであろう。終戦から数年経過してもなお共産革命につながりそうな変事が続いたのであった。北海道では白鳥事件、東京では三河島事件、三鷹事件、大森銀行事件等で犯人は共産党員と報道されていた。多くは当時の日本共産党による組織的な犯行とみなされ同党関係者が検挙された。日本共産党は五全協以降、それまでの合法的な平和革命論から武力による暴力革命へ、いわゆる武装闘争の方針に転換していたからである。

一九五〇年日本共産党の一部が武装闘争路線に舵を切ったことから、ＧＨＱは同党幹部を公職追放し、レッドパージと言われる共産党弾圧政策に大きく方針転換する。

◎第四部　注釈

①「ある情報将校の記録」　塚本　誠著　P273

八月十二日夜、阿南さんは三笠宮邸に参上したさい、『陸軍は満州事変以降、大御心にそわない行動ばかりしてきた』とのお叱りを受けた。その帰途、自動車の中で、『あんなに強いことを仰しゃらなくとも』と、非常に沈痛な面持ちでつぶやいた。三笠宮のお言葉がよほどこたえたようであった。

②「昭和史裁判」　半藤一利・加藤陽子著 P412

ものすごい剣幕で柴（大佐）が怒鳴ったそうです。「まだ戦争は終わっておらん。気の弱い天皇が降伏しただけで、大元帥陛下は戦争をやめろとは命令しておらん。それなのに、海上護衛総司令部はけしからん。戦闘行為を直ちにやめろ、という命令を早々に出してしまったじゃないか。ただちに撤回命令をだせ」と息巻いた。

驚いた大井（海軍少将）が、「あれは玉音放送で終戦の詔勅を出されたから、自分がこの手で起草したものだ。天皇陛下が戦争をおやめになったのだから、軍隊がそれに従って戦闘行為を停止するのは当然ではないか」と言うと、「貴様、何をぬかすかッ。天皇が戦争をやめるということと、大元帥が戦闘行為をやめることとは、まったく別だ。大元帥の命令はまだ出ていないッ」と言って頑張ったのですって。そこで大井さんは、怒鳴り返した。「大元帥は大天皇陛下の家来なんだ。家来は主君の命令を守るのが当然だ」と。

③　「ハンガリー公使大久保利隆が見た三国同盟」　高川邦子著　P243
④　「21世紀の戦争論」　半藤一利・佐藤優　著　P93
⑤　「昭和天皇実録　第九」　宮内庁編　P833
⑥　「同書」　宮内庁編　P836
⑦　「同書」　P898
⑧　「昭和天皇実録　第十」　宮内庁編　P113
⑨　「天皇家の密使たち」　高橋紘著　P48
⑩　「21世紀の戦争論」半藤一利・佐藤優　著　P24
佐藤（前略）「国際法・国際関係雑誌」という、ベルラーシ外務省に近いところから出ているクオリティの高い学術雑誌です。ご存知のように、ベルラーシはロシアの事実上の同盟国です。（中略）七三一部隊は人体実験に関する問題ですから、ヨーロッパ人が生理的な嫌悪感を抱きます。ナチスと一緒にされてしまう危険性があります。
⑪　「米軍が見た占領下京都の600日」二至村　菁著　P78～79

第五部　天皇退位せず、留位を決意

天皇が退位は避けられないと初めて覚悟したのは、軍部にポツダム宣言受諾を懇請した日の八月十日とされている。

日本の降伏を決断した天皇は、御前会議で一億総特攻を主張し、あくまで戦争継続を主張し続ける阿南陸軍大臣等に何とか敗戦を認めさせるよう、〝この身はどうなっても良いが、この国の滅亡だけはさせてはならない〟と初めて、自発的退位と引き換えに軍部に何とか受諾するよう懇願した、との私的メモが御前会議陪席者に残されているとされてきた。しかしこれは退位に関わる重大発言になるだけに、天皇の行為を後世に残す正式記録〝昭和天皇実録〟には、〝この身はどうなっても良い〟の発言は、マッカーサーの回顧録にあると記し、実録には直接記していない。天皇の業績を永く後世に伝えるための天皇の公式記録であるから嘘は書けないが、不都合な真実も書かなかったのではないだろうか。

昭和天皇は、戦局がますます悪化していても表面上は軍部と一体を装い、停戦や講和など全く考えないそぶりを続けていた。しかしもはや敗戦が避けられないとみて、天皇制存続の布石を考えていた。それは、国法を枉げても明仁皇太子に軍籍に就かせなかった時から始まったであろう。

昭和天皇は満十歳で皇族身位令により軍人になった。軍は次の天皇を軍から逃すものかと、明仁皇太子（平成天皇）が一九四四年十二月二十三日に満十歳になることを以て陸・海軍少尉任官を上奏した。しかし天皇は頑として裁可しなかった。（注①）敗戦した最高司令官たる天皇には過酷な戦犯追及が待っている。天皇も無事では済まないし、皇太子を軍籍に入れたら最後で、軍は軍籍にある者を自由に使える。天皇が降伏をほのめかした時は天皇を退位させ、皇太子を天皇に擁立して徹底抗戦するであろうことは容易に想像できる。既に本土決戦を決めていた陸軍は、秘密裏に長野県松代近くの象山に地下壕を掘り、仮皇居、大本営、政府施設や憲兵隊詰所を建設した。

退位か留意か、皇族と政府の考え

一九四五年八月太平洋戦争が終結すると、昭和天皇擁護の動きと、退位を迫る動きが始動した。まず動いたのは、皇族首相東久邇宮稔彦王であった。四五年九月中旬、外国人新聞記者約百名に〝天皇に戦争責任はない、天皇は真珠湾攻撃を知らなかったなどと日本人ジャーナリストならだれもがウソと知っていることを話した。

翌四六年二月、昭和天皇が然るべき時期をみて退位されることを皇太后は可とされるご意向と推察されるとの報道があった（注②）。皇族がニュースソースと言われるが、もしそうなれば、未成年天皇擁立になるから、摂政には高松宮を立てるなど、半ば本気でアクションプランを考えていた。三笠宮も反対せず、天皇の母貞明皇太后も同調したようである（注②）。

摂政と目された高松宮が同年に書かれた「高松宮日記」では譲位の直接的な表現はないが、そのことを婉曲に記しているとされる。

これを聞かされた天皇は皇弟すらも兄の天皇を護る気はないのかと高松宮と更に不仲になってゆく。天皇は、〝高松宮は開戦を欲し、途中まで聖戦完遂を申していた〟それが負け戦となると手のひらを返すように兄に退位を勧めるのか。秩父宮は結核で療養中、三笠宮は正義感があってよいが何分若すぎて老獪な重臣達に丸め込まれると、皇弟達に譲位はできなかった。

天皇と内閣が留位に向けて必死に行動している時、三渕最高裁長官は良識を示した。

「ぼくはね、終戦当時、陛下は何故に自らを責められる詔勅をお出しにならなかったということを非常に遺憾に思う」

最高裁長官・三渕忠彦が二十三年五月十六号の「週刊朝日」座談会で行ったこの発言はいったんおさまっていた退位論議を再燃させる〝震源地〟となった。

Ａ級戦犯を裁く東京裁判は約半月前に審理を終え、ちょうど判決の準備に入っている時期だった。三淵の立場が立場だけにその発言は大きな反響をよんだ。（注③）

最高裁長官の意見を聞き、一般庶民も言論の自由があるとわかり、思い付きで床屋談義を始めた。苦々しく思った治安当局もＧＨＱの意向に反してまで言論抑圧はできなかった。

内閣はどう動いたか。終戦から三か月も経過せず、国民の考えも聞かないうちに、早くも幣原喜重

郎内閣は戦前に近い国家体制を維持すべく

一一月五日は「戦争責任等に関する件」の閣議決定が行われ、「天皇は立憲君主制に従って行動したので、戦争責任はない」という、今日まで続く日本政府の公式見解が明らかにされたのだが『実録』は言及していない。（注④）

政府は天皇制維持を憲法で決めると、次の手を打った。天皇戦犯論が蒸し返されないよう、戦犯の存在そのものを無くすべく、全ての戦犯赦免に動き出した。一九五三年八月の衆議院本会議は〝戦争犯罪による受刑者全面赦免〟即ち、刑務所からの釈放である。

戦争で家族や家や財産を失った国民の反感をかわすべく、

〝連合国により戦争犯罪人とされた者は証拠不十分の冤罪が多く、戦地で苦労させた上になお、刑務所に収監したままでは浮かばれないものがある。近隣諸国の扱いを見れば、既に中華民国は日華条約発効により、刑務所から全員赦免した。フィリピンや豪州も同様にしてくれた。当事国の日本がいつまでも戦争犯罪人として刑務所に入れたままにしておくのは如何なものか〟という問題提起である。国の針路を誤らせ、何百万もの命を奪った戦争指導者たち七名が処刑され、それでけじめはついた。もはや、戦犯は存在しないというのである。

政府からGHQへの働きかけも早かった。天皇や政府の上に君臨するのがGHQである。そのマッカーサー最高司令官は天皇制をどう考えているのか、その真意を探り、天皇制承認を頂けないのか、政府はマッカーサーに接触する適任者を考えていた。その最適任者が吉田茂であった。マッカーサーは吉田が親英米派で、戦争末期にはイギリスのスパイとまで嫌疑をかけられ、憲兵隊から厳しく追及されていたことを知っていた。マッカーサー側近の日記等に記録された日本人の最多訪問者は吉田で、延べ約百回に達したが、その多くは天皇制存続に関わる法制度や施策等の入念な調整であったであろう。

天皇は神に非ず、との人間宣言

ＧＨＱはポツダム宣言に基づき、日本民主化を推進するため知日派を集め、政策案を練っていく。ＧＨＱが選定したアメリカ人の知日派達は戦前から日本に住み、日本人の妻と結ばれ、大学での講義やその質疑応答などを通じて日本人の考え方や判断力を熟知していた。日本を戦争に向かわせ、それに些かも反対意見を言えなかったどころか、家族も家も財産も全て失っても国民から国家指導者たちに怒りの声が殆どないことに、ＧＨＱは理解できなかった。

これは、日本は神国であり、天皇は日本をつくりあげた神の子孫であるという特殊な信仰心とナショナリズムが結びついたことに最大の問題がある、と結論した。天皇自ら神ではない、人間であるから間違いもありうると、人間宣言をさせることが、神国であり軍事国家であった日本を正しく民主国家にする出発点と考えたのである。

大日本帝国憲法第三条は〝天皇は神聖にして侵すべからず〟と規定され、些かも批判は許さなかった。天皇は神であり、神は絶対無謬の存在であるから、天皇が命ずる戦争に反対してはならない。戦争に命を捧げる者は最高の愛国者になる。

その天皇に、神でなく人間であると言わせる。その上にＧＨＱがあること、そして天皇に過ちがあれば批判する自由を認める、これが新しき民主国家の出発点になるとＧＨＱは結論づけた。キリスト教を信ずるＧＨＱ幹部は、神とは聖書に書かれたキリスト以外は認めないのである。ＧＨＱの宗教担当者は見抜いていた。天皇は、立派な宗教である天皇教の教祖にして、その聖典は古事記であろう、と。

天皇にしてみれば不愉快この上ない。我が赤子がそうは思わないのに、外国人が時の運で日本を占領しているからとて、何を勝手なことを言うか。しかし、ＧＨＱの機嫌を損ねて、今後予想される戦犯追及が天皇に及ぶことや退位要求もありうる。ＧＨＱに阿ることを真剣に考えざるを得なかった。天皇や公家達は、常に時の権力者になびくことで存続してきた歴史とＤＮＡがあるから、変身は早いし、そうすることに何の躊躇もなかった。

皇居で皇后たちの讃美歌合唱

天皇は、マッカーサーが熱心なキリスト教徒であることを知らされていた。マッカーサーは天皇が共産主義を恐れていることを知っていた。マッカーサーは天皇を取り込むために、共産主義の魔手から逃れるにはキリスト教しかないと伝え、他方天皇に当面の間神道儀式を遠ざけ、キリスト教になびく素振りを見せれば、マッカーサーは天皇を粗略に扱うことはないと内奏したものがいたことは容易に察せられる。

天皇は東北巡幸のおり、たまたま立ち寄った形にして、皇后を伴いカトリック修道会の聖心愛子会を視察した。天皇が日本の最高のブランドであるように、キリスト教の最高ブランドはカトリックと信じていたのであろう。カトリック教会も天皇との融和を心得て**六人の修道女が、天主公教会聖歌集三十二番「日出づる国」を歌った。**

〝日出づる国わが日の本　さきわい恵み賜え　あまつみ父大君を　守れとことわに〟（注⑤）

日本の皇室はイギリス皇室や英国大使館と、太平洋戦争の四年間を除き、長年の友好関係にあった。それを冷却してもＧＨＱにすり寄り、皇太子の家庭教師はイギリス人でなく、日本の支配者たるアメリカ人とした。マッカーサーを理事長に仰いだ国際基督教大学や、マッカーサーの口利きで用地を斡旋された聖心女子大をアメリカ系ミッションスクールのトップ校にランク付けもして、大学教育にもアメリカ的なものを導入しようとした。

皇室始まって以来となる、神道講話が宗旨替えされ、聖書購読が皇后を中心に皇族を集めて始まったのである。良子皇后も皇室存続のため天皇を支え、三人の皇女たちと共に讃美歌の合唱をした。良子皇后はGHQに伝わるように、裕仁天皇に一緒に歌いましょうと誘ったが、天皇は付き合いで、口パクして歌ったふりをした（注⑥）。これまで皇室教学で最も重要であった、神道の講義は当面休講にされたようである。

天皇はポツダム宣言を受諾し、玉音放送した時のことを思い出した。

〝耐えがたきを耐え、忍びがたきを忍び以て万世の為に……〟と国民に話したが、その通りになったな、とつぶやいた。天皇は天照大神を皇祖とする神の子である。その神の子である天皇の歴史を否定する役目をさせられたうえに，キリストを神とする聖書を皇室が購読して楽しいわけがない。しかしGHQがいなくなる日まで耐えなくては、と心に刻んだ。これはGHQのご機嫌とりに過ぎなかったから､五年後に平和条約が締結されGHQがいなくなると､〝ああ良かった〟と聖書を捨てるのである。これも二千六百年続き、これからも絶えることない天皇家の歴史の一コマであろう。そして、明仁皇太子の美智子妃がマッカーサーに用地手配等で世話になった聖心女子大卒であったことと、その聖心女子大の正門は義母良子皇后のかつての実家の門であったことは、姑と嫁に関わる何かの縁であろう。

他方ＧＨＱは天皇制に反対してきた日本共産党を天皇の神格化を削ぐことに使えると誤認し、合法化してしまった。軍事国家から民主国家にするため治安維持法や特高警察等の廃止、約三千名もの共産党員とその協力者等の政治犯の釈放、天皇制批判の自由までも認めた。この思いがけない追い風を受けて、共産党は一気に勢力を伸ばし、天皇制廃止を主張し始めるのであった。

共産党関係政治犯の釈放については、コミンテルンとは無関係の民主活動家だけに限定するべきとの正当な意見がＧＨＱ内部にあったが、日本の完全な民主化のためとＧＨＱ幹部のノーマンが押し切った。彼はマルクス信奉者でコミンテルンのエージェントであったと言われている。

平和条約で国際社会復帰は軍事裁判受諾

一九五一年九月サンフランシスコでソ連とその共産国家群を除く連合国側と日本の間で太平洋戦争を総括する平和条約（Treaty of Peace with Japan）が締結された。これにより、戦争国家日本は平和国家になったとみなされ、連合国（Ｕｎｉｔｅｄ Ｎａｔｉｏｎｓ、外務省は国際連合と意訳）側の国際社会に復帰した。しかしソ連と共産国家群は日本と国交回復しておらず、日本の国際連合加盟を認めなかった。ソ連が日本の国連加盟を認めるのは、親米一辺倒の吉田首相から鳩山一郎首相に替わり、鳩山首相が日ソ国交回復した一九五六年からである。

ソ連と共産国家群抜きとは言え、平和条約締結条件は極東軍事裁判判決の受諾であった。連合国側はいずれほとぼりが冷めたら、日本は極東軍事裁判の判決を認めないと言い出すことを察していた。結果的にそうなったが、そうさせないことを国際条約にして認めさせたである。

この平和条約締結により、日本駐留連合国軍は九〇日以内に日本から撤退していくことが決まったが、朝鮮戦争のような共産軍の侵攻を防ぐため、日本は直ちにアメリカと安全保障条約を締結し、米軍は今日に至るまで継続して日本に駐留することになる。連合国との平和条約調印により日本は主権ある独立国家と認められた。

新憲法は天皇の地位を認める

国家最高の法律となる新憲法に天皇の地位を明文化し、もし退位の動きが出てくれば、それは憲法に違反することになるとの縛りが規定されてしまっていた。敗戦から一年余りで、まだ戦争の傷跡が癒えず国民の多くは食べることに必死であった一九四六年十一月三日、早くも政府は日本国憲法を公

布した。その第二条に、

〝皇位は世襲のものであって、国会の議決した皇室典範の定めるところにより、これを継承する〟とされた。始めに天皇制存続があり、次に皇位継承（法）は皇室典範に依拠し、異なる解釈はさせないよう下位法まで指定した。その皇室典範で皇位継承順を定め、譲位はしないように譲位の条文を設定しない入念な天皇制システムを構築したのである。

連合国との平和条約の発効により、一九五二年にはフランスなど日本駐在特命全権大使が続々着任し、外交儀礼上元首に信任状を提出することになる。

戦後の元首はだれになるかという問題が浮上した。戦前は大日本帝国という帝政であるから、元首は疑いなく天皇である。しかし新憲法は、主権は国民にあり天皇は象徴になった。象徴に国の重要事を行う権限はあるとするのは常識的に見れば、無理があろう。しかしその象徴が外国大使謁見を国事行為として行うことが憲法に規定されたことから、天皇は引き続き〝元首扱い〟になった。

新憲法下で天皇は重要な国家機関として、拒否権はないとしても首相・最高裁判所長官の任命や憲法改正・法律・政令の公布や外国の大使・公使の信任状の認証等々の国事行為の権限があり元首扱いしてくれる。しかも憲法は、天皇は世襲であり、その地位の継承は皇室典範によるとした。これでは、天皇は象徴であって国政に関する権能を有さないと言っても実質的に帝国憲法と大きく変わらないのではないか、と天皇は内心喜んだ。

新憲法がそう認めたということは、天皇に戦争責任などなかったのだ。戦争責任があればおめおめと国事に関与できるはずがないではないか、と天皇は大に自信を持つようになり、安全保障や外交にも意見するようになっていったのも無理がなかった。

朝鮮戦争勃発、共産軍釜山に迫る

その前年の一九五一年、日本の対馬対岸にある朝鮮半島では共産国家北朝鮮軍が国境線を超えて突然韓国領土に攻め込み、怒涛の勢いで対馬の対岸の釜山まで近づいてきた。朝鮮半島が共産国家になれば、対馬海峡を挟んで目と鼻の先に朝鮮と中国の強固な共産ゾーンが形成される。

この状況を日本共産党から報告された、コミンフォルム（Comin form、共産党情報局でコミンテルンの後継として、スターリンが設置し、国際共産主義運動を引き続き推進していた）は、日本共産党が暴力革命から無血平和革命に路線変更したことを批判し、日本共産党の一部を分派させ武装革命路線に変更させた。日本人の考え方を少しも忖度せず、無理やり日本に革命を起こしたかったのである。この一派は（前略）**朝鮮戦争勃発以降は、北朝鮮を支持する在日朝鮮人と共に、米軍の輸送妨害活動を行っていた**（注⑦）。治安当局者からこの内奏を受けた天皇は、戦争に負け天皇の軍隊を奪われた悲哀をかみしめ、日本が共産化されないためには、米軍との軍事同盟が必要なことを再認識したのである。

ＧＨＱマッカーサー総司令官は米軍を国連軍として投入した。米軍の補給基地となる日本に実質的な軍隊である警察予備隊を新設させ、米軍は武器を供与し、一度は公職追放した旧軍人を幹部に採用し、実質的に米軍の予備軍を発足させた。

戦況は、韓国と北朝鮮の国境である北緯三八度線付近で戦闘が膠着状態になっていた。マッカーサーは局面打開のため、本国のトルーマン大統領に原爆投下の許可を求めた。さすがにトルーマン大統領は北朝鮮＋中国＋ソ連ＶＳ米国＋日本＋連合国の一部による第三次世界大戦のリスクを考え、マッカーサーを罷免し、リッジウエーを後任に据え、一時休戦とした。

朝鮮半島陥落の危機一髪に際し、太平洋戦争で壊滅していた日本海軍は、小なりといえども、機雷掃海作戦でアメリカ海軍の先駆けとなる海上戦力として蘇ることになった。

天皇、反共防波堤の安保条約堅持

自民党保守政権は、奏上という戦前の報告方式を踏襲することで、国民の支持が永続している天皇を取込むことは、保守政権の永続という相乗効果があることに気が付いていた。

一九五五年八月、天皇は渡米する重光外相を呼び、「日米両国が協力して共産主義に対処していく必要があり、日本に駐屯する米軍の撤退は好ましくない」との考えを示した。日本の陸軍と海軍が失われた以上、共産勢力に対抗する軍事力は、日米安保体制をしっかりと堅持し更に強化していくしかないと考えていたのであろう。

重光外相から天皇の意志を聞かされた米国政府高官は、軽々な約束はしなかったが、Ｉ　ｔａｋｅ　ａ　ｎｏｔｅ（天皇発言に留意する）と答え、内心は、これで日本をアメリカの属国としてアジア反共の前線基地のみならず、巨大空母と戦艦、さらにパナマ運河を攻撃する大型潜水艦も建造してきた日本の建艦技術や、現代戦に必須となる大規模な補給処も利用できるという大きなメリットを認識した。アメリカはここを対アジア戦略を展開する最前線とする。日本にはソ連との友好政策をとらせてはいけない。ソ連が日本にこのような拠点をつくれば、アメリカのアジアにおける地位は大きく減退すると考えたのである。

遡って一九五四年には、吉田親米内閣から対米自立を掲げる鳩山一郎内閣が発足、対ソ国交回復政策を進め、国際連合加盟を目指していた。しかし共産国家を危険視し、それに対抗するアメリカと緊密であることが良いと信ずる裕仁天皇は鳩山首相を呼び、鳩山の施政方針を質した。

「これまでの親米政策を変えてソ連と協調することは、アメリカの機嫌を損ねることになるのではないか？」

「陛下、内閣の基本方針と致しまして、親米路線を変えることはございません。しかしながら、ソ連はサンフランシスコ平和条約に調印してくれず敵国状態が続いていることは好ましい状況ではありません。ソ連と友好関係を結ばないことには、シベリアで抑留されている数十万人もの日本の兵士を返してくれず、日本の国際連合加盟も拒否され、ソ連グループの国際社会から日本は悪者国家になっております」

天皇には、まだ不安があった。

「厳寒のシベリアで不当な扱いをされ、強制労働させられている抑留者を一刻も早く帰国させ、又ソ連側国際社会からも信用されることが重要になることは良くわかる。しかし、ソ連と国交を結ぶとなると、ソ連から流入する共産主義に洗脳された者の入国を拒否できないのではないか？　ソ連から日本帰国条件は共産主義者になることと、日本帰国後の諜報活動を約束させられていると聞くが」

「それにつきましては、国家公安委員会をしてしっかり監視させ、万一にも御懸念されることがないように努める所存でございます。さらに付け加えさせて頂きますが、日本が共産化されるか否かは、ソ連からの帰国者等に煽動されるからではなく、国内政治が善政か悪政かによるところが大であると考えます」と、鳩山は見識を示した。

「それは私も同感である。内閣が善政を施し、日米の友好強化と米国進駐軍の精鋭を維持し、日米安保条約を日米防共同盟のようなものにしていけば、ソ連との国交正常化に不安はない」

ソ連は安保弱体化に北方領土返還案

共産国家ソ連はサンフランシスコ講和条約でアメリカが共産中国を認めず、蒋介石の台湾が中国を代表するとしていることに立腹、会議の途中で退場、東欧の共産国家群を率いて講和条約調印を拒否していた。結果ソ連と共産国家群とは国交回復ができず、日本の外交は片肺飛行のような危ういものであった。その潮目が大きく代わったのは、対米追随一辺倒の吉田首相が退陣し、自主独立路線を目指す鳩山政権が発足してからである。

国交がなく大使館を設置できないソ連は東京に駐日代表部を置いていたが、その上級幹部であったドムニツキーが、人目につかぬよう夜になって密かに鳩山首相私邸を訪問した。警護がいない台所口から招き入れるよう、鳩山から使用人に指示があったのであろう。

ソ連は吉田アメリカ追従政権に替わる鳩山首相に大いに期待し、日ソ友好を築きたいと提案していた。鳩山は吉田にはできなかった日ソの友好関係をつくり、北方領土や漁業権を回復し、その成果を国民に示し、長期政権をねらっていたから、ソ連の大物ドムニツキーが秘密に来訪したいとの働きかけを拒否しなかった。

「ドムニツキーさん、今夜はようこそ拙宅においで下さいました」

「首相閣下。日本最高のリーダーでおられる鳩山さんにお会いできて光栄です」

鳩山は、甘く見られてソ連ベースの交渉にならないよう、最初に釘をさした。

「ドムニツキーさんは御存じないかも知れませんが、私は大の反共主義者ですよ。鳩山は反共を装っているが実は容共で、ソ連共産党の高級幹部を私邸に招いたとクレムリンへの報告はしないで頂きたい」

「閣下がそう言われるであろうことは予想しておりました。私は外交官です。ソ連が日本に共産主義を無理やり押し付けて、日ソ友好ができるなんて単純な期待はしていませんよ。日本の国益に叶う具体案を提示しますから、ぜひ前向きにご検討いただきたい」

鳩山はいきなり核心をつく話に注目した。

「日本の国益に叶うとは、領土・貿易・北洋漁業権、日本の国連加盟・シベリア抑留者送還など日本が改善したい全てのことです」

鳩山は驚きながらもソ連の巧みな外交に引き込まれて話を進めた。

「ソ連はサンフランシスコ平和条約に署名していないから、日本が放棄させられた千島の領土問題は日本とソ連で話し合いの余地があると言われるのか?」鳩山は冷静に探りを入れた。

「おっしゃる通りです。日本がソ連に友好的になれば、全ての問題に良い回答が得られます」

「ドムニツキーさん、日ソ友好は両国に良いことと思う。話し合いを進めたいが、私が貴国を訪問するとなれば、米国は黙っていない」

「その通りです。ソ連を敵視し始めたアメリカに妨害されないよう、アメリカが最も信用している国イギリスで詳しく話しを詰めましょう。鳩山さんが最も信頼する外交官をロンドンに、ソ連とは関係ない仕事を与えて送ってください。その外交官の休日にソ連の全権委任者を接触させます」

一九五五年六月ロンドンでソ連駐英大使マリクと元駐英大使の松本俊一の間で予備交渉が始まった。マリクは、

「シベリア抑留者は、交渉が妥結次第日本に送還しましょう」と日本に餌を投げた。

松本は優秀な外交官であり、交渉に巧みであった。

「マリク閣下、交渉が妥結するまでまだ何年もかかりますよ。その間にシベリアの酷寒の気候に耐えられない体が弱った抑留者は、望郷の想いを抱きながら命を無くしていくのです。人道的観点からしても、直ちに送還の準備を進めて下さい」

「松本さん、それでは私の誠意ということで、なるべく早く段階的に送還するよう進めましょう」

「ありがとうございます。次に領土問題ですが、ドムニツキーさんはサンフランシスコ平和条約で日本が放棄させられた北方領土問題は、日本に返還する余地があるとおっしゃるのですか。それは、歯

舞と色丹と理解して良いですか？」

「松本さん、ソ連は歯舞・色丹だけでなく国後・択捉も含めても良いのですよ」

松本は信じられない提案を聞き、マリクを見つめた。しかし、そこには危険な罠が潜んでいた。

「松本さん、それには日本もすこしだけソ連に友好的になって頂きたいのです。ソ連人民は、かつて日本がソ連の領土である尼港やシベリアに出兵してソ連兵士の命を奪った日本を敵と思っている人民は少なくないのです。その日本にソ連領土を割譲することはソ連人民の敵にされてしまうこともわかっていただきたい」

松本は次の言葉に愕然とした。

「日本がソ連に友好的になったとソ連の人民が納得するように、貴国とソ連の間にある、宗谷・根室・津軽・対馬海峡の軍艦や輸送艦の通行権は、日本海臨海諸国だけに限定して頂きたい」（注⑧）

松本は悲鳴のような反論をした。

「マリクさん、それでは、日米安全保障条約を無効にしてしまう。そんなことが私に許される訳がない」

「松本さん、そんなに大げさに考えなくても……。ソ連は日米安保条約を破棄してくれと言っているのではありません。少しだけ、修正してもらえれば良いのです。日本海をわが物顔でアメリカ海軍が航行していては、日本海は日本海ではなく、アメリカ海になってしまうではないですか？」マリクは、日本とアメリカの強固な繋がりを綻びさせようとした。

日ソ国交正常化問題はこのあたりから、暗礁に乗り上げてしまった。

日ソ交渉の行き詰まりとソ連の日本海制圧戦略を内奏された天皇は、かつてアメリカが対馬海峡や関門海峡に設置した、千を超える機雷の除去や爆破作戦を海上自衛隊が完遂したとの情報を思い出し、防衛庁長官をして北海道海上防衛作戦を内奏させた。

天皇は、津軽海峡は水深何メートルあるか、ソ連の潜水艦が潜むことはできるのか、海上自衛隊にその探知と攻撃は可能かと尋ねた。

天皇はそこまで心配されているのかと自衛隊トップは恐懼した。昭和天皇は弱冠十歳で海軍少尉となり、以来種々軍艦の性能、運用方法、上陸作戦、最後は本土防衛作戦まで詳しく報告させ、裁可してきた軍事のプロであった。選挙区の利権や対立候補の動向しか頭にない、代議士上がりの防衛庁長官など足元にも及ばない軍事知識があった。

天皇はもしアメリカ海軍が日本海に入れなくなったら、直ちにソ連潜水艦部隊により、津軽海峡が機雷封鎖され、本州から北海道支援の海上輸送が分断され北海道が孤立することを危惧していたのであろう。

防衛庁長官は、旧軍の軍令部総長に相当する海上幕僚長に事前に調査させておいたから、よどみなく天皇に奏上した。

「陛下、ソ連潜水艦がウラジオストック軍港を発進し、津軽海峡に密かに侵入するには竜飛岬を潜航通過する必要があります。しかしこの海峡の水深は約170メートルと海底は浅くなっております。ソ連潜水艦艦長にしてみれば、探知され爆雷攻撃される時は、深海に逃げ込むしかないのに、底が浅く深海に潜れない竜飛岬の潜航は、探知と攻撃がされやすく、また逃げ切れないので躊躇するものと愚考致します」

「左様であれば良いが。なお侵入しにくくする手だてを考えておくように」

「畏まりました。早速そのように命じます」防衛庁長官は、共産軍に対する天皇の国防意識が堅固であることに喜び、帰庁後に海上自衛隊高級幹部を呼び、厳しい任務に就く自衛官を激励させられると想いを巡らせ、退出した。

正田美智子のシンデレラロマンス

一九五七年、明仁皇太子に民間人正田美智子とのラブロマンスが報道されると、高度経済成長が続く中のさらなる吉報に日本中が沸き立った。

美智子の爽やかな性格と清楚な姿がわかるテニスルックの写真が公開された。その写真を掲載した週刊誌は飛ぶように売れ、**身長百六十二センチ、体重五十二キロ、バスト八十七センチ、ウエスト**

六十一センチ、ヒップ九十二センチと均整のとれた近代的肢体（『週刊サンケイ』昭和三十三年十二月十四日号）とメディアも報じた（注⑨）。

この容姿を想像させる週刊誌情報は日本中を駆け巡り、これを知った宮中では女官達はもちろん娘を自慢する旧華族の親たちから、反発の声があった。

「美智子は平民の粉屋の娘ではないか。マッカーサーが作った大学でキリスト教やアメリカにかぶれているとの噂もあるのではないのか？」

「左様でございます。その上、テニスにかこつけて、ノースリーブの腕や足まで見せて、殿下に迫ったと噂されておるようですよ」

「陛下、梨園に育ち由緒正しい娘ばかりの学習院女子部には、そのような下品なことをする娘はおりません。どうか選りすぐった三百名の華族の娘のリストをご引見ください」

裕仁天皇は既に皇太子時代に宮中女官制度の改革に手をつけたが、なお特異な閉鎖社会が残っていることに問題を感じ、新風を入れたいと思っていた。それはまた、神話を超えて開かれた新しい皇室のイメージを英米に向け発信することになり、欧米も新生日本を歓迎してくれるとの期待もあった。

天皇は家柄を問題視する皇后や女官達の美智子妃への反感を抑えるべく、自ら学んできた生物学に例えて諭した。

「華族の娘たちに問題があるわけではない。しかし、どこかで血のつながりがある皇族や華族との近親婚より、優秀な平民の新しい血を皇室に入れるのも良いであろう」

この昭和天皇の一声で、国民を熱狂させるシンデレラロマンスが成就することになった

一九六〇年日米安全保障条約改定をめぐり、全学連は大規模なデモ隊を組織、国会周辺を取り囲み、警察や国会衛視を押しのけついに国会に突入した。

天皇は、岸首相や侍従に何度も状況を報告させていた。これはデモ隊の行動が共産党と結びついていることを恐れていたのではないだろうか。共産党が台頭すれば天皇制を維持できなくなるという危機感であった。この全学連の国会突入は、天皇に革命を危惧させるものであったかも知れない。

不安な時代には何より国民の理解と支持を得ることが必要になる。平民の子（実際には大企業日清製粉（株）の社長令嬢で上流階級であった）は聖心女子大で英語と教養を磨き皇太子妃となった。いずれ新天皇・新皇后となり欧米の国賓達と文化や、政治に結びつかない歴史を選んで英語で直接話せる皇后は、民主的且つ国際的な皇室のイメージつくりに大きな力になり、国民大多数から圧倒的支持が得られると、天皇は考えたのであろう。

天皇訪欧に英蘭独は反日の罵声

一九七一年、戦争の記憶は薄らいだと思った天皇は、半世紀前に初めて渡欧した、懐かしい英国や欧州各国再訪に踏み切る。

現地の日本大使館は、日本がイギリスやオランダに対し宣戦布告なしに突然戦闘を開始し、シンガポールの戦闘やタイメン鉄道建設で多くの英国人捕虜を虐待したことの恨みが残っている事、オランダ領インドネシアでもオランダ兵士を戦死させたことなどから、反日感情が依然根強く、延期の内奏があった。しかし良子皇后が楽しみにしている初めての海外旅行であり、愛妻家の天皇にしても良子がそばにいるから心強い。怖い物はないと、妨害行動は覚悟の上で出発した。

案の定ロンドンでは、天皇の軍隊に蹂躙された英国軍人・軍属のみならず、シンガポールやインドの植民地を失ったことから、その地の工場・ホテルや海運等々様々な利権を持っていた実業家や現地で高給を得ていた幹部社員を含め多くのステークホールダーから怨嗟の声が上がった。

次いでオランダハーグでは、天皇・皇后が乗車していた車に魔法瓶が投げつけられ車のフロントガラスにひび割れするなど、さらなる嫌がらせを受けた。オランダ領インドネシアで多数の捕虜を強制労働させて二万人も死なせた事件や少数とはいえオランダ女性を慰安婦にしたことは忘却されておらず、また植民地インドネシアを失ったことはオランダには大きな損失になっていた。

オランダは、鎖国していた日本（江戸幕府）に二百五十年も最新世界情勢を伝え、蘭学という当時最新の西洋学問を教えてきた恩を忘れ、更に約四百年にわたって築いてきた植民地インドネシアを天皇の軍隊は宣戦布告なしに襲いかかり、略奪したと多くのオランダ人は脳裏に刻んでいた。首都アムステルダムでは、Hirohito Go Homeという日本では考えられない反日の罵声を浴びた。

裕仁天皇に衝撃だったのは西ドイツの首都ボン（当時）で約百名もの極左翼学生による〝天皇、ヒロヒトラーの戦争犯罪抗議〟デモだった。ドイツは日本の同盟国で共に戦った仲ではないか、それを共産主義にかぶれる学生はこのような態度をとるのか。共産主義者はどこにでもいるし、不倶戴天の敵でしかないと想いを新たにしたことであろう。

このことは、マルクスの階級制理論から見ると良くわかる。民主国家ではトップに位置する大統領も選挙に敗れれば、底辺からの成り上がり者にその座を奪われる。君主国家最上級の天皇と最下層の者たちとの入れ替えは革命なくしては絶対にない。戦争などであからさまになる対立であり、宿命である。

一九七五年には沖縄戦で看護女生徒たちが最後に洞穴の中で自決したが、そのひめゆりの塔に当時の皇太子（現平成天皇）夫妻が参拝した。その時、洞穴に隠れていた左翼活動家から火炎びんを投げつけられた。皇太子は後ずさり、美智子妃は敢然と前に出て、皇太子の盾になり皇太子を自ら守った写真が全国紙に報道された。健気な美智子妃は一躍ヒロインとなり、他方左翼過激派は多くの国民から嫌われる存在になり、日本から革命思想はなくなった。

同年十月末日本記者クラブ主催の記者会見が皇居で開かれた。

「十月初旬に米国訪問された陛下は、ホワイトハウスで〝私が深く悲しみとするあの不幸な戦争〟と発言したことは、戦争に対して責任を感じておられると理解してよろしいですか」

アメリカでの発言に、記者達からその真意を問われた天皇は少々狼狽しながら、答えた。

「言葉のアヤについては、私はそういう文学方面はあまり研究もしていないので、よくわかりませんから、そういう問題についてはお答えできかねる」（注⑩）とかわした。

更に新聞記者が尋ねた。

「陛下は三度も広島にお越しになり、広島市民にお見舞いの言葉をかけておられましたが、原爆投下の事実をどう受け止められましたか」

「遺憾に思っているが、戦争中であることだから、広島市民に対しては気の毒であるが、やむを得ないことと思う」（注⑩）

これに対し、**読売新聞の「歌壇」欄（12月6日付夕刊）には次の作品が掲載された。**

〝戦争責任は言葉のあやと言ひ棄つる天皇に献げし身は口惜しかり〟（注⑪）この短歌は後年天皇の戦争責任をコメントし、銃撃された長崎市長の想いにもあったのではないか。

靖国神社A級戦犯合祀と天皇参拝

一九七七年天皇が靖国神社参拝を突然取り止めたことの背景が〝富田メモ〟で報道された。天皇は、靖国神社が否応なく国家に尊い命を捧げた一般兵士たちと、戦争を指導し死刑に処せられたA級戦犯がいつの間にか合祀されていたことを知らされた。それまで八回も参拝していたのを取りやめ、崩御するまで二度と参拝しなかった。裕仁天皇の発言をメモしていた、富田宮内庁長官の〝富田メモ〟によれば、

「私（裕仁天皇）**は或る時に、A級が合祀され、その上、松岡**（外相）、**白鳥**（駐イタリア大使）**までもが**（合祀されている）。**筑波**（藤麿靖国神社宮司）**は慎重に対処してくれたと聞いたが、松平**（宮内大臣）**の子の今の宮司がどう考えたのか、易々と。松平は平和に強い考えがあったと思うのに親の心子知らずと思っている。だから私はあれ以来、参拝していない。それが私の心だ」**（注⑫）

国内世論は途中から合祀されたことの報道はなかったことから始めから合祀されていたとみなし、以来冷静であった。しかし、一九八五年八月十五日当時の中曽根首相が靖国神社に公式参拝すると中国は猛反発し、中国の共産党指導者で唯一親日家である胡耀邦総書記は、中国共産党幹部たちから軍

国日本贔屓と窮地に追い込まれた。胡耀邦総書記の失脚を防がないことには、中国との友好関係改善の機会を失う。

せめてA級戦犯を分祀すれば……ということで、A級戦犯の遺族の了解を取って、分祀する手筈も進められたものの、東條さんの遺族が反対したために分祀は実現できなかった。その結果、一九八六年八月の靖国参拝を中曽根首相は見送った。しかし胡耀邦総書記は一九八七年一月に失脚してしまう（注⑬）。

父君がレイテ島で戦死され、貧しく苦しい生活に負けることなく自民党幹事長にまでなった、日本遺族会前会長の古賀誠氏が発言している。

「合祀で天皇陛下が参拝することも、国民がわだかまりなく参拝することもできなくなりました。（中略）**分祀ができれば、**（戦争指導者とそうではない戦死者と分けられるから）**初めて戦後処理に本気に取り組んだと言える。**（いつまでも過去にこだわらず）**未来志向というなら、過去の反省の姿勢を見せなければ、誰も信用しないですよ。分祀によって、天皇陛下や多くの国民が参拝できない靖国神社の現状を打開する**（注⑭）のが良いと談話された。

天皇の合祀に対する指摘も正鵠を得たものであろう。外国に招かれた国賓が最初に行う儀礼は、無名戦士者慰霊碑への拝礼である。その国のために一命を捧げた戦士たちに、国の最高位にある者が拝礼するのである。明仁天皇が各国を訪れ戦没者墓地に拝礼しているのに、来日した国家元首達の中には靖国神社に拝礼しない者が多い。この礼を失した理由は、靖国神社が犠牲となった戦没者に加えて、A級戦犯を合祀しているからとの説がある。

A級戦犯合祀問題もさることながら、国のために貴い命を捧げた戦没者の御遺骨は全て靖国神社に安置されているのであろうか。靖国が引き受けたのは、遺族の願いがあった御遺骨だけのようである。南洋の激戦地など全員玉砕したところでは誰であるのかわからず、遺族にもたどりつけず納骨できなかった約40万もの戦没者の御遺骨は、厚生労働省の支援により、千鳥ヶ淵戦没者墓苑の桜の下で永眠されている。靖国のみならず千鳥ヶ淵に慰霊することも昭和史を語る上で忘れてはならないであろう。幸いにして、出版社のご厚意で拙著の表紙写真にさせていただいた。

富田メモに戻る。天皇は国際連盟脱退や三国同盟を強力に推進した松岡を遠ざけたが、天皇は白鳥をどう見ていたのか。白鳥駐イタリア大使は、日独伊防共協定強化案を外務省や天皇に上奏なく、勝手にイタリア外務大臣に、〝独伊がソ連以外の国から攻撃を受けた場合、日本は参戦義務を負う〟と明言していた。これを知った天皇は、天皇大権を侵す白鳥発言を取り消すよう外相に下命した。

親の心を良く知る明仁皇太子は、天皇即位後に太平洋戦争激戦地の沖縄やフィリピン、サイパン、ペリリュー等々戦没者慰霊の旅に何度も行かれたが、天皇即位後は靖国神社に参拝されたとの報道は聞かされていない。

一九八八年九月裕仁天皇重体が報道されるや、国民は勿論、海外からも続々とお見舞いが届いた。

長崎市の本島等市長は保守系であるにも関わらず勇気をもって天皇の戦争責任に言及した。直ちに右翼の攻撃が始まり、市長は銃弾に倒れた。天皇批判とも思われる市長の発言から危惧されたテロに、警察は真摯な警護をしなかったとの報道もあった。

天皇の戦争責任について表現に苦慮しながら社説で言及したのは朝日新聞だった。「戦争回避のため、天皇の影響力がもっと行使されていたならば……との思いが昭和史を回顧するだれの胸にも去来するのである」（注⑮）

一九八九年一月七日、激動の昭和史を生きた裕仁天皇に最後の時がきた。おくり名は昭和天皇である。享年八六歳は歴代一二五名の中で、神がかり時代の天皇は別格として実在した天皇の中では最高齢であった。「昭和天皇実録」によれば、弔問記帳は二百三十三万人に及ぶとされており、あまたの日本人や外人から本当に敬愛された天皇だった。

海外の反応はどうであったか。崩御の翌月厳かに執り行われた大喪の礼に参列してくれたのは約百六十か国に及んだ。各国日本大使館の大変な努力により、日本の国威が静かに発揚できた。しかし参列者を見ると戦勝国の元首は、ブッシュ大統領とミッテラン大統領だけだった。それぞれの国内の参列反対デモの強弱にもよるが、政治問題にならず国王が参列出来たのは、ベルギー・スウェーデン・スペインであった。イギリスは女王の夫のフィリップ殿下であった。これは世界を繋ぐ王室クラブとしての参列であるが、その重要メンバーのオランダ女王は、国民が二万人のオランダ人捕虜を虐待し死なせた昭和天皇に黙祷は許さないと反対運動が広がり、女王は参列を断念した。

昭和天皇崩御により、明仁皇太子が直ちに天皇に即位、新しい天皇の御世となる平成元年（一九八九年）となった。

軍事裁判処刑は日本の法律に非ず

激動と戦争の二十世紀が幕を閉じ、二十一世紀が暫く経過した二〇〇五年、戦犯問題はもはや時効のようなものに変化したと見た、小泉首相（当時）は国会答弁で戦犯の名誉を回復した。誘い水をかけたのは、民主党（当時）で後に首相になる野田佳彦議員である。政府提出の質問書で「全ての戦犯の名誉は法的に回復されている。即ち、A級戦犯とされた人達は戦争犯罪人ではない。この考え方に変わりはないか」

それに対して小泉首相（当時）の内閣総理大臣名の答弁書で、

「平和条約第十一条による極東軍事裁判所及びその他の連合国戦争犯罪法廷が刑を科した者について、その刑の執行が巣鴨刑務所において行われ（中略）**ていた事実はあるが、その刑は我が国の国内法に基づいて言い渡された刑ではない」と表明した。**（注⑯）

ここで重要になるのは、軍事裁判を降伏条件にしていたポツダム宣言を日本が受諾した事実である。戦犯処刑は確かに日本の国内法に基づくものではないことは改めて聞くまでもない。野田議員は、戦犯は名誉回復されたから、戦争犯罪人ではないことの確認を求めたのであろう。これに対し、戦争犯罪人ではないと答えると中韓は勿論英米仏豪ロシア等裁判官となった国々は、黙ってはいないであろう。首相は回答を巧みにそらした。

戦勝国が絶対的強制的に戦敗国に押し付けた条約は公正なものとは言えないから無効、との意見もある。しかし、条約は対等な関係で合意されたものばかりではない。かつての日本はそれを無効とせずに堪えてきた誇りがある。日米和親条約も同通商条約もそうである。国力を増進させ大国となり、何度も交渉の末に、英米他各国に条約を改正させてきた。これは明治日本の矜持であり、相手国との国際信義でもある。逆に日本が半ば強制した条約も少なくない。日韓併合条約も日仏越南条約もそうである。

特殊な事情がある韓国はともかく、日仏越南条約（松岡・アンリー協定）がフランスから無効だとされたとは聞いたことがない。それを言い出したら、そのような国は国際関係上、信用されなくなることを知っているからである。

サンフランシスコ平和条約第十一条は、"Japan accepts the judgments of the International Military Tribunal for the Far East and of other Allied War Crimes Courts both within and outside Japan"であるが、日本はthe judgments（軍事法廷の判決）をaccepts（異議なく）受け入れたから戦勝国側は日本の国際社会復帰を認めたのである。

同じ敗戦国ドイツは、ニユールンベルク軍事裁判とその判決及びナチスの処罰を認め、異議ありとの行動をとらなかったから、国際的に何らの批判を受けていない。ドイツは、戦争犯罪はナチスの責任にして、ドイツ政府とドイツ国民、それに正規軍（国防軍）の名誉を守ったのである。ドイツ人は、日本人と異なり情に流されず正邪を問う、民族の永続性を望むＤＮＡがあった。

◎第五部　注釈

①

「大元帥と皇族軍人　大正・昭和編」　小田部　雄次著　P293

まだ皇太子明仁であったアジア・太平洋戦争末期の一九四四年、満十歳となったため、軍は皇族身位令第十七条により皇太子の陸海軍任官を要請した。しかし昭和天皇は認可せず、皇太子は軍籍につかないまま戦争を終えた。皇太子が軍籍につけば、劣勢にあった国民の士気を高める効果があったかも知れないが、天皇はすでに敗北を意識していたのであろう。

②

「昭和天皇は何と戦っていたのか」井上　亮著　P324

（一九四六年）二月末、新聞に天皇が戦争責任をとって退位し、摂政に高松宮を立てる計画があるという記事が出ます。ネタ元は東久邇宮稔彦王でした。（中略）ここで退位について天皇の率直な思いが語られているにも関わらず、『実録』からはすっぽりと抜け落ちています。（後略）三月十九日、天皇は思わぬところから退位論を聞きます。沼津滞在中の皇太后を訪問した木下（侍従次長）の復命です。〈その際、木下は、天皇のご退位に関して、皇太后は然るべき時期をみて決行されるを可とするご意向と推察される旨を言上する〉前月二月二十七日の枢密院会議では三笠宮が天皇の退位について発言（なぜか『実録』はいっさい触れず）しており、皇族の中には皇室を守るため、戦争責任を負った天皇に退位してもらったほうがよいという考えがあったようです。

② 「昭和天皇は戦争を選んだ」 増田都子著 P170

『讀賣報知』が「ご退位をめぐって 皇族方は挙げて賛成 反対派には首相や宮相 宮廷の対立明るみへ」という見出しを掲げた記事を一面トップで（中略）報じたのだ。

③と⑤ 「天皇家の密使たち」 高橋 紘・鈴木邦彦共著 P61 142

④ 「昭和天皇実録講義」 古川隆久著 P106

⑥ 「昭和天皇七つの謎」 加藤康男著 P290

讃美歌の声の主は良子皇后とその三人の皇女たちだった。昭和二十三年秋の朝である。（中略）音程をとるのが苦手な天皇は歌唱には加わらず、（中略）聞いている天皇も口元だけは盛んに動かし、真剣な表情で参加した。

⑦ 「昭和天皇実録講義」 古川隆久編 P130

⑧ 「ドキュメント北方領土問題の内幕」 若宮啓文著 P121

さらに日本を驚かせたのは、（中略）宗谷、根室、津軽、対馬などの海峡の自由通行を日本海臨海諸国に限定することを要求していた。

⑨ 「皇后の真実」 工藤美代子著 P227

⑩ 「昭和天皇実録講義」 古川隆久編 P173

⑪「読売新聞『花壇』欄　一九七五年十二月六日付夕刊
⑫「朝日新聞二〇〇六年七月二〇日夕刊記事」
⑬「私を通りすぎたマドンナたち」　佐々淳行著　P43
⑭「ニッポンの宿題　靖国と戦没者追悼」　２０１７年６月　朝日新聞朝刊コラム
⑮「戦争と新聞」　鈴木健二　著　P276
⑯「内閣衆質一六三第二一号　平成十七年十月二十五日　内閣総理大臣小泉純一郎答弁書

エピローグ　共産国家群の終焉

裕仁天皇は母、皇弟、親族、有識者から示唆された生前退位を頑なに退け、薨去された。それから二七年後の二〇一六年八月、平成天皇は自らの生前退位を国民に話しかけられ、皇室典範に特例を定めさせた。昭和から平成になり、平成天皇は天皇制を修正しようと考えられているのであろう。

裕仁天皇を最後まで悩ました共産主義の終焉は、崩御の翌年の八九年四月であった。そのきっかけは、親日の胡耀邦総書記が日本との友好を深め、中国の民主化を進めようとした時に行われた日本国首相の靖国神社参拝問題であった。胡総書記は親日売国共産党幹部とされ失脚し、失意の中病死した。

胡耀邦が進めた民主化を弾圧するなと北京の天安門広場で抗議の座り込みした中国青年たちを、人民解放軍は反革命分子とみなし、戦車で押しつぶし、搭載する機関砲で射殺したと、アメリカ人他観光客は海外に発信した。中国政府の見解は死者三百十九人としている（注①）が、事実はその十倍以上であろう。事件の証人は戦車に押しつぶされ両足を失った方政氏であるが、その弾圧命令をしたのは胡耀邦に代わり、共産党序列第二位になり、蓄財にはげみパナマ文書にも登場した保守派の某首相とされる。共産党の軍隊は共産党に反対する者達を平気で殺せる。人民解放軍でなく人民弾圧軍と言われる所以である。

しかし、ネットを駆使する中国の青年たちは付和雷同する過去の中国人とは異なってきた。情報封鎖された共産国家にも民主化が必要なことは否定できなくなったのである。天安門広場や新疆ウイグル自治区やチベット自治区などでの弾圧と殺戮は、東欧の共産国家群の民主化を求める青年たちにインターネットで伝えられ、共産国家群への反抗心を爆発させた。

インターネットは反革命に火をつける危険な存在とみた中国共産党は、中国向けファイアウォールを設定し海外との交信を遮断した。

同年五月、ハンガリーは隣国オーストリアとの国境の鉄条網を破断した。これにより、ハンガリー国民は勿論東ドイツ国民までチェコを縦断してハンガリーに入国し、そこから自由の国オーストリアに脱出した。民主国家には移動の自由がある。共産国家には資本主義国家との自由往来は最後まで認めなかった。豊かな資本主義国家を見た者達は、共産国家を否定するようになるからであろう。

同年十二月になると共産国家ルーマニアの独裁者チャウシェスク大統領が国軍にクーデターを起こされ、妻とともに公開射殺され共産国家は否定された。

隣の共産国家東ドイツには自由都市西ベルリン行きを妨げる、周囲約１００Ｋｍに及ぶ高さ約二メーターのベルリンの壁があった。この壁を乗り越えるか、あるいは地下道を掘って西ベルリンに逃げようとして東ドイツ国境警備隊に射殺された者は百名を遥かに超え、その一人一人に小さな十字架の墓標が建てられていたのを筆者は一九八二年に涙とともに見てきた。共産主義が理想とするユートピアは実現されず、射殺される危険を冒しても何とか共産国家から脱出したい者達を襲った悲劇と言って良いのではないだろうか。そのベルリンの壁は、翌９０年にドイツ連邦共和国（西ドイツ）がドイツ民主共和国（東ドイツ）を併合し完全に撤去した。さらに９１年にはバルト三国もソ連から独立し、ソビエト連邦は四分五裂状態になり、崩壊した。

共産国家群のハンガリー、ルーマニア、東ドイツ、ユーゴスラビア等々はなぜ共産主義を捨てたのか。ソ連最後の書記長ゴルバチョフの情報公開により、共産主義国家の歴史に誤りがあったことを認めたこと、共産党トップとそれを支える官僚たちが腐敗し、私利私欲に駆られ蓄財に走ったことなどが抑圧された人民に怒りの集団行動をとらせ、大同団結したことなどが崩壊の引き金になった。ソ連共産党トップに登り詰めたゴルバチョフ書記長が情報公開と民主化と核軍縮を進めたことでノーベル平和賞を受賞したが、ソ連人民共和国を崩壊させたどころか、東欧の共産国家群も西側に走らせてしまったことは共産国家群には取返しのつかないミスになった。

現在の中国共産党トップの習近平は、民主化や情報公開が共産党の命取りになることを熟知している。一割の富裕層はともかく、九割の貧困層は貧しさに不平を抱えている。そこに情報公開したら、くすぶり続ける熾火に油を注ぐようなものであろう。それは北朝鮮も同様である。北朝鮮や中国で、パナマ文書のことやチベット・ウィグル自治区や香港民主化運動等への接続を試みても、ネット通信を直ちに遮断する、グレートファイアウォール、ネット版万里の長城がある。かつてのベルリンの壁のように、自由諸国への接触を禁ずるネットの壁で厳重な情報統制がされている。

パナマ文書が暴露したように、タックスヘブンに隠されている巨額の金の中に共産国家の政府高官のものがあると報道された。突然逮捕され即決裁判で死刑が宣告され、銃殺されたチャウシェスク大統領事件の教訓がある。人民が独裁者に牙を見せた時、外国に亡命し豊かな生活を維持するための蓄財である。

共産国家は、かつて存続していた私企業を許さず国営企業に切り替えてきた。国営企業間に競争がないことから、進歩も効率化もなかった。一九八〇年代までは共産圏から輸出できたのは、農産物や石油等の資源である。古い技術でもなんとか売れた工業製品とは、チェコスロバキアのボヘミアンカットグラスや東ドイツのマイセン陶磁器やツァイスのカメラ・光学機器くらいであったが、そのわずかな貿易品にも輸出公団という仕事をしない公務員が群がり、検査や許可申請や決済手続き等の権限を握り、自由貿易はさせなかった。

統制された監視社会でそれぞれの地域を牛耳る党委員に賄賂を渡さなくては良い仕事は与えられない。しかし、ろくに仕事をしなくても十分な給与にあずかれる政府機関の公務員や国営企業職員の天国が、実はユートピア共産国家の実態であることを知り、どうやっても将来の希望がない貧しい人民はユートピアから決死の脱出を図り、共産国家は自壊していった。

エピローグ　注

①２０１７年６月４日付け朝日新聞記事
「天安門　今も続いている　今日事件から２８年」

あとがき

この書は史実に基づき昭和天皇の思いや考えを忖度したフィクションである。宮内庁が管理する天皇情報の秘密保護もあり、戦後になるまで天皇のナマのコメントは世に出ることはなかった。戦時中と戦争に至る経緯においては政治に関わる昭和天皇の発言は少なく、又それらは側近や軍人たちが伝聞したものに過ぎないと言ってよい。

筆者は昭和天皇の御世、昭和に出生した。ペンネームの更級は先祖代々の地に由来する。その地に昭和天皇と皇后が行幸され、行在所となったホテルで、妻と華燭の典を挙げた。

その行幸は一九六四年で、東京オリンピックの年でもある。筆者の学校教師たちは学校から約６Ｋｍも先を走る聖火ランナーの応援には授業を休み全員参加させたが、学校から約１Ｋｍ先まで御料車で通りかかった天皇行幸に旗振りの必要はない、授業が大事とした。これは日教組の指示か、文部省の通達か、あるいは校長の判断であったか定かではない。

伯父は天皇を護る近衛連隊に徴兵された時、祖母は天皇様の御親兵なら最後まで生き残れると喜んでいた。しかし、国民全ての士気を鼓舞するため、近衛師団の一部は激戦地の中国やサイパンに派兵され、長沙で天皇のために戦死した。長沙は中国共産党の創設者であり、建国の父として今なお北京の天安門に、巨大な肖像画を掲げられている毛沢東の本拠地であり、そこで日本陸軍は毛沢東の共産軍の掃討作戦を繰り広げていた。

筆者と昭和天皇との関わりはたったそれだけのことであるが天皇と過ぎ去った昭和に、いささかの想いなしとしない。

昭和天皇は最後まで共産革命に恐れていたが、その公式発言は全六十一巻中一か所しか見つけられなかった。昭和天皇は信頼する侍従小倉、戸田、同武官尾形に、

「ソ連邦への恐怖及び支那の屈服困難との点から支那事変を希望せざりしも、日本陸軍の強硬論一致のため何も言えざりし旨を漏らされ（以下略）**なお欧州訪問時が自身の最も良い時期なりし旨を御述懐になる**（注①）。

ここに書かれているソ連邦の恐怖とは世界各国に共産革命を扇動していたソビエト社会主義共和国連邦のことであり、ソ連軍のことではないであろう。

昭和天皇が崩御された後、一九九一年共産国家ソ連は解体した。ソ連の中心であったロシアはもはや共産主義の輸出はしないが、ＥＵに参加しようとする旧ソ連邦諸国には厳しく締め付けをしている。

日本の国会開会式には天皇が臨席されお言葉を述べてきたが、日本共産党は常に欠席してきた。そ

の共産党も二〇一六年の国会開会式から、共産党議員団は自民党他の国会議員と共に起立し、お言葉を拝聴した。更に共産党機関紙「赤旗」の年表示はこれまでの西暦表示から一七年四月より天皇歴併記を始めた。何年か後には、天皇から勲章を喜んで頂くようになるのであろうか。

江戸時代に殉教者を何十名も出しても改宗しなかったカトリックの隠れキリシタンとは異なり、昭和に何十名もの共産主義殉教者をだした共産主義者の天皇への対峙は、平成になり消えていくかのようである。

時代は大きく変わり、過ぎ去った昭和史を懐かしみつつ、国家のトップに君臨した天皇とボトムの共産主義者の葛藤に綾なそうとした書の筆をおくと共に、毎週多数の資料借用の手助けをしてくれ、非才の身を支え励ましてくれた妻にこの書を捧げたい。

◎あとがき　注釈

①　「昭和天皇実録　第八」　宮内庁編　P857

平成二十九年六月二九日、夏の日差しの中、梅雨入りした更級の地で脱稿

更級悠哉

昭和天皇、退位せず

～共産革命を憂慮した天皇～

著者　更級 悠哉

発行日　2017年10月24日
発行者　高橋 範夫
発行所　青山ライフ出版株式会社

〒108-0014
東京都港区芝5-13-11 第2二葉ビル401
TEL：03-6683-8252　FAX：03-6683-8270
http://aoyamalife.co.jp
info@aoyamalife.co.jp

発売元　株式会社星雲社

〒112-0005 東京都文京区水道1-3-30

TEL：03-3868-3275

FAX：03-3868-6588

装幀　佐々木 義洋

ISBN978-4-434-23747-8
